Peter Stacher

Entdecke deine Kraft!

Wie es dir sofort
besser geht

ueberreuter

Hinweis:
Die Ratschläge und Empfehlungen in diesem Buch wurden von Autor und Verlag sorgfältig erarbeitet und geprüft, dennoch kann keine Garantie übernommen werden. Eine Haftung der Autoren, des Verlages oder seiner Beauftragten ist ausgeschlossen.

1. Auflage 2017

ISBN 978-3-8000-7667-3

Covergestaltung: Saskia Beck, s-stern.com
Coverbild: © Shutterstock/Pacrovka
Lektorat: Marina Hofinger
Satz: Hannes Strobl, Satz·Grafik·Design, Neunkirchen
Druck und Bindung: Finidr s. r. o.

www.ueberreuter-sachbuch.at

Für Eva

Inhalt

Vorwort

Es fühlt sich einfach gut an. Wenn man sich dem hingibt, was das Leben für einen bereitgestellt hat. Auch wenn es nicht vor der Nase steht, sondern man es in einem Winkel, hinter einem Strauch oder nach einer groß angelegten Suchaktion, wie zu Ostern die Suche nach den süßen Geschenken des Osterhasen, erst entdecken muss. Doch es zahlt sich aus, es zu finden. Es ist eine Wonne, das Gefühl in sich zu spüren, dass man das Richtige macht. Egal, was genau es ist. Für einen selbst ist es das Richtige.

Mein erstes Buch „Das Universum steckt in dir – Schluss mit unerfüllten Wünschen“ hat mir dieses Gefühl immer wieder gegeben. Schon beim Nachdenken darüber. Dann beim Schreiben. Und schlussendlich bei der Präsentation und den vielen positiven Reaktionen und Begegnungen danach. Als mir zugestimmt wurde, dass der Weg, auf sich zu hören, das Glück aus eigener Tatkraft ins Leben zu holen, der befriedigendere ist als darauf zu warten. Wie in einer Mail einer Leserin, die schrieb: „Habe dein Buch gerade das zweite Mal gelesen und nehme es immer wieder mal zur Hand, um in unterschiedliche Kapitel hineinzulesen. Du triffst so oft den Punkt ... Fühl mich gleich bestärkt, manches auszuprobieren.“

Ich habe mich in „Das Universum steckt in dir“ intensiv mit unserer Einstellung und dem Zugang zu unserem Leben beschäftigt. Es beginnt schon damit, wie gehe ich mit mir selbst um? Nehme ich meine Wünsche und auch meine Ängste ernst? Daher war es mir wichtig, Ihnen den Mut und die Freiheit zu vermitteln, sich selbst wichtig zu nehmen und sich stark zu machen.

Das habe ich in meinem vorigen Buch mithilfe von sozialpsychologischen Studien gezeigt. Ich fand es faszinierend, wie viele Erkenntnisse von Wissenschaftlern es zu unserem Verhalten gibt, das wir ja meist als einzigartig betrachten. All die Experimente waren auch ein wichtiger Leitfaden, der zeigen sollte, dass tatsächlich wir selbst es letztendlich in der Hand haben, ein erfülltes Leben zu bekommen.

Für dieses Buch, das Sie gerade in Händen halten, habe ich die Herangehensweise geändert. Mithilfe dieses Buches möchte ich Ihnen helfen, dass es Ihnen persönlich sofort besser geht, wenn Sie gerade traurig sind. Das betrifft Sie ganz allein. Das kann Ihnen kein Experiment, keine wissenschaftliche Untersuchung, keine Studie und kein Forscher-Lehrsatz der Welt sagen. Das müssen Sie für sich selbst herausfinden. Ich möchte Ihnen die Möglichkeiten dazu näherbringen.

Mir ist das Thema dieses Buches noch vor dem Erscheinen meines ersten eingefallen. Plötzlich. Ich hatte gar nicht vor, mich so schnell wieder so tief einzulassen in die Beschäftigung mit unseren zahllosen und komplexen Verhaltensstrukturen. Ich habe mir dann auch eine zweimonatige Pause gegönnt. Doch die Ideen wollten nicht ruhen. Immer wieder sind mir Beispiele durch den Kopf gegangen, wie es gelingen kann, sich sofort aus einer düsteren Stimmung, aus einem persönlichen Tief herauszuziehen.

Also habe ich begonnen, mir Notizen zu machen. Sie wurden immer umfangreicher. Irgendwann habe ich nachgegeben und Kapitel für Kapitel zu Papier gebracht. Ich habe mich dazu entschlossen, dieses Buch zu schreiben, weil ich das Gefühl habe, es gibt viele Ratgeber, die auf einzelne Themen abzielen. Wie man sie langfristig wieder in den Griff bekommt oder mit ihnen umgeht. Partnerschaftliche Themen. Psychologische Themen, gesellschaftliche Themen. Doch wer ist bei mir, wenn es mir jetzt in diesem Moment schlecht geht? Wenn mir die Decke auf den Kopf zu fallen droht und ich mich am liebsten eingraben würde, weil ich mit diesem hämmernden Gefühl in mir drinnen, diesem Gefühl, dass etwas nicht stimmt, einfach nicht umgehen kann? Jetzt. In der Sekunde. Was mache ich dann?

Sie sind damit nicht alleine. Das möchte ich Ihnen mit meinem Buch vermitteln. Dass Sie erkennen, dass Sie nicht alleine auf sich gestellt sind. Denn das Leben ist für Sie da. Nicht umgekehrt. Und vielleicht schaffe ich es, dass Sie mithilfe dieses Buches den ersten Schritt aufs Leben zugehen. Und auf die Freude. Mehr als diesen ersten Schritt braucht es – zumindest vorerst – oft nicht, um aus den dunklen Wolken herauszutreten und hineinzugehen in einen fröhlichen Tag voller Herrlichkeit.

Machen Sie den Anfang

Wer kann von sich behaupten, so gut es einem auch gehen mag, dass man vor Schicksalsschlägen gefeit ist? Doch worauf man immer zählen kann, was nie ganz verloren gehen kann, man es daher auch wieder aktivieren kann: Ihre innere Sonne, die so viel Kraft entfaltet. Die Lebensfreude. Dieses Gefühl: Das Leben ist gut zu mir! Sie haben es schon so oft gespürt. In so vielen Lebenslagen. Es muss nicht zufällig ins Leben kommen.

Wir müssen nicht darauf warten, dieses Glücksgefühl endlich mal wieder zu bekommen. Wenn wir etwa zufällig einem netten Menschen begegnen, uns der Bus nicht davonfährt oder das Glückskeks beim Chinesen eine positive Nachricht für uns hat. Wir können es uns ganz bewusst ins Leben holen. Wenn wir wissen, welche Tätigkeit oder welche Gedanken uns mit diesem besonderen Gefühl der Zufriedenheit, der Freiheit, der Liebe erfüllen, können wir es immer wieder heranziehen. Ganz nah.

Das Buch ist in vier Ebenen gegliedert. Der erste große Teil „Sie sind gut, wie Sie sind" beschäftigt sich mit Ihnen. Sie können sich damit einerseits noch besser kennenlernen und andererseits bereits Ihre ersten Ankerpunkte finden, die Sie durchs Leben begleiten und Sie stärken können.

Im zweiten Teil geht es um Ihre Einstellung zum und Ihren Umgang mit dem Leben. Er soll zum Nachdenken anregen, wie Sie aufs Leben und die täglichen Herausforderungen zugehen können, um damit besser zurechtzukommen und wieder selbst das Ruder in die Hand zu nehmen.

Teil drei soll Ihnen einige der vielen Möglichkeiten zeigen, mit denen Sie sofort wieder Freude empfinden können. Wie Sie sich, wenn Sie Ihre Lieblingsmethode gefunden haben, auf dem schnellsten Weg ein Lächeln ins Gesicht zaubern.

Das vierte Kapitel „Was Sie immer in sich tragen" beschäftigt sich mit den Begriffen, die viele von uns als Säulen und wichtigste Werte ohnehin verinnerlicht haben: Vertrauen, Liebe, Hoffnung, Zuversicht. Sich mit diesen Werten zu beschäftigen und sie in der Bedeutung zu verstärken oder vielleicht auch zu korrigieren, ist wie der große Bruder, bei dem man sicher sein kann, dass er einen unterstützt, wenn Probleme auftauchen. Sie sind der Leitfaden. Wenn Sie daran keine Zweifel mehr haben und ihn richtig deuten, wissen Sie auch mit allem, was auf Sie einstürzt, umzugehen.

Picken Sie sich aus all dem das für sich heraus, was für Sie Erfüllung bedeutet. Probieren Sie aus, worin Sie das Lebenswerte am Leben erkennen. Bleiben Sie nicht bei einer Methode, bei der Sie gleich spüren, da regt sich nichts. Diese Methode ist dann nicht die richtige für Sie. Eine andere ist es dann aber ganz sicher.

Trainieren Sie regelmäßig die bewusste Selbstliebe und damit die Kraft, die in Ihnen steckt. Trainieren Sie sie wieder und wieder – sich selbst zu lieben und sich Gutes zu tun –, dann werden Sie nicht nur innerlich stark, Sie werden unbesiegbar!

Mit unserem Verhalten ist es so: Wir wissen sehr genau, wie wir nach außen wirken wollen, und verhalten uns dementsprechend. Der eine hat mit der Zeit bemerkt, dass er sich am wohlsten fühlt, wenn er Scherze machen und Witze erzählen kann. Er kommt damit auch gut an und praktiziert es daher laufend. Er unterhält sein Umfeld und bringt die Menschen zum Lachen. Der andere ist gerne cool und lässig drauf, gibt sich gespielt locker und erzählt so nebenbei, welch tolle Dinge er nicht laufend erlebt. Die Nächste gibt sich gerne tough und unnahbar, weil sie bemerkt hat, dass sie damit in ihrer Umgebung die meiste Achtung erhält und karrieretechnisch damit viel erreichen kann. Wir wissen also genau, wie wir uns geben wollen und welche Wirkung wir damit erzielen. Nach außen.

Doch wie sieht es in uns drinnen aus? Wenn wir in einer Lebenskrise stecken, wenn wir deprimiert sind, wenn etwas nicht gelungen ist, wenn die erwünschte Anerkennung nicht eingetreten ist. Was sollen wir dann tun? Oft geht uns da die Weisheit aus. Wir stehen an.

Ich kann Ihnen sagen: Schreiben ist eine gute Möglichkeit. Oder in den Wald gehen. Oder laut singen ... Für mich! Ob das auch bei Ihnen die Lebendigkeit in Ihrem Inneren aufglimmen lässt? Wahrscheinlich ist es etwas ganz anderes. Das gilt es, herauszufinden.

Doch auch das bloße Herausfinden genügt noch nicht. Genauso, wie Sie Ihre alltäglichen Verhaltensweisen über Jahre, seit Ihrer Kindheit über Ihre Jugend und noch im Erwachsenenalter täglich ausprobiert, angepasst und erneuert haben, genauso müssen Sie das, wenn es Ihnen schlecht geht, auch mit Ihrem Umgang mit sich selbst machen.

Herauszufinden, warum es Ihnen so geht, was da tief in Ihnen schlummert, ist das eine. Doch ein bewusstes Training für Ihr inneres Wohlbefinden, so wie man ins Fitnessstudio geht, um die Muskeln zu formen, praktizieren nur wenige. Daher nehmen Sie sich dieses Workout vor! Wenn Sie dieses Buch zu Ende gelesen haben, werden Sie wissen, wo Sie ansetzen können, damit es Ihnen wieder besser geht. Suchen Sie sich nach und nach die Übungen, die Ihnen liegen, und legen Sie los! Dieses Buch soll aber nicht enden wie die Laufbänder und Stepper, die in so vielen Wohnungen in einer Ecke vor sich hinrosten und Spinnfäden ansetzen. Nutzen Sie es und lassen Sie sich zusätzlich Ihre eigenen Übungen einfallen. Es gibt welche zur praktischen Anwendung und welche zur geistigen Anregung. Eine Mischung daraus ist Ihr persönliches Trainingsprogramm. Und wenn Sie fit darin werden, Ihre innerste Kraft, den Zauber der Selbstgestaltung und Selbstliebe immer wieder aus sich herauszuholen, dann lernen Sie sich selbst auch besser kennen. Sie werden neue Seiten an sich entdecken und einen Menschen treffen, mit dem Sie viel Spaß haben können und dessen Eigenschaften Ihnen neu sind: sich selbst.

Wenn das runde Leben Ecken bekommt

Es fühlt sich von Tag zu Tag unterschiedlich an. Es ist so wandelhaft. Es lacht uns an, bis über beide Ohren, nicht ohne uns gleich darauf sein trauriges Antlitz zu zeigen: das Leben. Beide Gesichter gehören dazu. Und noch viele mehr. Egal, welches Gesicht unser Leben macht, wir sind mittendrin. Das ist eigentlich ganz gut so. Wir brauchen ja die verschiedenen Bewusstseinszustände, um unsere unterschiedlichen Seiten zu erleben. Sie auszutesten. Sie zu schulen und weiterzuentwickeln. Wie gehen wir mit diesen Gesichtern um? Lehnen wir das verzweifelte Gesicht ab? Oder gar das fröhliche? Und warum lehnen wir es ab und somit einen Teil von uns selbst? Meistens, weil es sich nicht angenehm anfühlt.

„Raus aus der Sorgenfalle“ war der Titel einer Talkshow im österreichischen Fernsehen, zu der ich nach der Veröffentlichung meines Buches „Das Universum steckt in dir“ eingeladen wurde. Ich sollte Tipps geben, wie man mit Sorgen umgeht und wie man sie bewältigt. Ich war froh, zu dem Thema ausführlicher antworten zu können, als es in knapp gehaltenen Interviews oft der Fall ist. Denn über all die Sorgen, die jeden Einzelnen von uns täglich belasten, kann man sich wirklich Sorgen machen. Sie nehmen sehr leicht überhand. Das betrifft nicht nur von Haus aus ängstliche Menschen, die richtig danach zu suchen scheinen.

All diese alltäglichen Sorgen müssen wir nicht einfach hinnehmen. Wir sollten sie vielmehr ernst nehmen. Aber nicht deren Inhalt. Sondern die Sorgen selbst. Denn gerade, wenn wir uns nicht damit beschäftigen, bleiben sie liegen. Neue kommen hinzu und so entsteht ein entsetzlicher Müllhaufen an unbearbeiteten Beklemmungsgefühlen. Ein Berg, der von Tag zu Tag größer wird. Umso ärgerlicher ist das, wo doch 99 Prozent aller Sorgen unbegründet sind. Das zeigt schon, dass die meisten dieser Gedanken beginnen mit „Was ist, wenn …“.

Was ist, wenn er mich betrügt? Was ist, wenn ich meinen Job verliere? Was ist, wenn mein Kind sich verletzt?

Es ist noch nicht passiert. Es wäre tragisch, wenn es passiert, ja! Ist es aber noch nicht. Und warum sollte es passieren? Und das Fatale: Gerade, wenn Sie unsicher sind, steigt die Wahrscheinlichkeit, dass Ihre Angst wahr wird. Weil Sie vielleicht Ihrem Partner misstrauisch begegnen und Ihre offene Liebe zurücknehmen? Weil Sie in der Arbeit vielleicht immer öfter Ellbogentechnik anwenden und sich damit unbeliebt machen? Weil Sie durch Ihre Haltung Ihr Kind möglicherweise verunsichern und ihm Selbstvertrauen nehmen?

Aber zurück zur anfänglichen Feststellung: Es ist noch nicht passiert. Und genau darum sind diese Sorgen reine Belastung und tragen nichts zur Vermeidung von Problemen oder gar zu Ihrem Wohlbefinden bei. Jetzt könnte ich einfach sagen: Also, lassen Sie das einfach mit diesen Sorgen! Aber das funktioniert nicht und lässt sich dem Unterbewusstsein nicht aufdrängen. Doch was können Sie tun?

Genau das Gegenteil: Erkunden Sie, was Ihnen Kopfzerbrechen bereitet! Beschäftigen Sie sich damit! In einem Interview zur Traumatherapie hat mir der Klinische- und Gesundheitspsychologe Andreas Kollar „Brainspotting“ erklärt. Das ist eine tiefenpsychologische Methode zur Verarbeitung von psychischem oder traumatischem Stress. Dabei konzentriert man sich auf die belastende Situation und versucht, sie durch die Augenbewegung in unterschiedliche Richtungen ausfindig zu machen. Wo das Thema am stärksten wahrgenommen wird, verharrt man. Was passiert: In den tieferen Gehirnstrukturen beginnt eine Aktivierung. Das Gehirn verarbeitet die Belastung. Von selbst. Durch die Konfrontation mit dem Erlebnis. Erfolge werden oft schon nach ein bis zwei Sitzungen erzielt.

Diese Methode wird bei starkem Stress und traumatischen Beeinträchtigungen angewandt. Doch wir können aus dieser Therapieform auch für die Bewältigung unserer Alltagssorgen lernen.

Konfrontieren Sie sich mit der Sorge. Lassen Sie sich von ihr nicht an die Wand drängen. Stellen Sie sich Aug in Aug gegenüber – mit der Hand am Revolvergriff. Mal sehen, wer zuerst verschwindet in dem Duell zu High Noon. Erkunden Sie die Berechtigung dieser Sorge. Stellt sie eine Warnung vor einer realen Gefahr dar? Dann werden Sie aktiv und tun alles, um das Unglück abzuwenden. Bitte seien Sie ehrlich zu sich, was die Wahrscheinlichkeit des Eintretens dieser Sorge betrifft.

Stellt sie eine Situation in Ihrem Leben dar, die zwar real, aber nicht zu ändern ist? Dann lesen Sie bitte das Kapitel: „Annehmen und wachsen“.

Ist es eine Sorge, die als Parasit wächst und wächst und sich von Ihnen aushalten lässt? Ab jetzt sind Sie der Chef! Sie stehen über diesem Schmarotzer und beobachten ihn mit leicht hochgezogener Augenbraue. Sie spüren das Energiefeld, das diese innere Unruhe erzeugt, und stellen fest, dass es nicht mit Ihrem eigenen Energiefeld übereinstimmt. Diese Sorge gehört nicht zu Ihnen. Sie will Besitz von Ihnen ergreifen. Weil sie das doch bisher schon so oft geschafft hat und Sie ein guter Wirt für so viele Sorgen waren. Sie sind bei Ihnen ein- und ausgegangen, wie es ihnen gefallen hat, und haben Ihren ganzen Haushalt in Unordnung gebracht. Jetzt wird aber aufgeräumt. Wenn diese durch Ihre Machtdemonstration kümmerlich klein geworden sind, können Sie sie mit einem Fußtritt entfernen. Sie brauchen sie nicht zum Leben.

Wenn diese lästigen Sorgen an Wichtigkeit verloren haben, werden sie auch weniger werden. Natürlich vor allem, weil Sie gelernt haben, sie richtig zu bewerten und mit ihnen umzugehen. Und Sie werden mit der Zeit immer geübter darin. So kann man sich die Sorgen nach und nach abgewöhnen. Dazu ist aber noch eines unumgänglich: Holen Sie sich gleichzeitig Freude, Entspannung, Wohlgefühl in Ihr Leben!

Ich gehe jetzt einmal davon aus, dass Ihr Leben großteils erfolgreich ist. Sie haben prinzipiell alles, was Sie brauchen. Und Sie haben die Fähigkeit, sich ins Leben hereinzuholen, was Ihnen fehlt.

Auch wenn Sie diesbezüglich unsicher sind, ich bin überzeugt, die Fähigkeit steckt in Ihnen. Doch jeder, wirklich jeder, kennt trotz Erfolg und Anerkennung diese Tage und Stunden, in denen man den Wert in dem, was man kann und was man hat, nicht erkennt. Stattdessen eine tiefe Sehnsucht in sich trägt, die sich als Trauer äußert. Weil man, warum auch immer, gerade die Empfindung dafür verloren hat. Weil man seinen eigenen Reichtum im Leben nicht spürt. Als würden Sie Ball spielen wollen und den Ball vor sich sehen, aber ihn nicht fest in Ihre Hände nehmen können.

Auch weil man gerade in dem Moment dieses andere Gesicht des Lebens vermisst. Das lachende. Vielleicht hat eine Phase im Leben begonnen – kurz oder auch länger –, in der man auf sich alleine gestellt ist und vielleicht sogar ohne Zuspruch von Freunden auskommen muss. Oder Ihnen jemand Unrecht oder gar wehgetan hat. Oder Sie um jemanden trauern, der Ihr Leben nicht mehr auf die Art und Weise teilt wie bisher. Oder Sie vermissen plötzlich den Sinn in Ihrem bisherigen Schaffen. Es gibt ja so viele Gründe dafür.

Kennen Sie dieses merkwürdige Gefühl, wenn Sie am Vorabend Party machten, stundenlang mit Freunden lachten und die Welt bunt, lustig und laut war … und dann wachen Sie auf. In Ihren vier Wänden. Es ist still, keiner da. Ihnen bleibt der Nachhall von Musik und ausgelassener Freude. Aber der genügt nicht. Es fühlt sich alles leer an, an diesem Morgen.

Solche Phasen, die manche als Löcher bezeichnen würden, gibt es auch nach anstrengenden Projekten in der Arbeit. Nach dem Urlaub. Nach wunderschönen Wochenenden mit der Familie. Wenn es laut war, wird es auch wieder leise. Wenn es bunt war, wird es dazwischen auch wieder eintönig. Wenn Sie inmitten von lieben Menschen aufgehoben waren, folgen Zeiten, in denen Sie allein sind. Fühlt sich nicht toll an. Ich weiß das. Doch ich weiß auch, dass das Licht nicht abgedreht ist, es leuchtet nur gerade in eine andere Richtung.

Drehen Sie die Lampe wieder zu sich oder umrunden Sie sie und stellen Sie sich in ihren Schein. Lassen Sie die dunkle Seite hinter sich! Die ist nichts für Sie. Dort sind Sie nicht gut aufgehoben. Lassen Sie sich anstrahlen und erwidern Sie es mit der vollen Kraft Ihres inneren Lichts.

Sie sind gut, wie Sie sind

Stehen Sie zu sich

Das moderne Schlagwort für ein erfülltes Leben ist Selbstliebe. Aber was heißt das eigentlich? Man sagt ja, man kann nur so geliebt werden, wie man sich selbst liebt. Ja, aber wie geht das, sich zu lieben? Soll man sich mit Unmengen Torten verwöhnen, weil man sich so gern hat? Soll man sich selbst umarmen und sich knuddeln? Schon ein guter Ansatz! Es gibt dazu weitere Methoden in diesem Buch. Wie etwa, eigene Bedürfnisse zu erkennen und zu verfolgen. Oder auch, sich für voll zu nehmen und stolz auf sich zu sein.

Was ich in diesem Kapitel aber vor allem beschreiben will ist: Stehen Sie zu sich selbst. Stehen Sie dazu, wie Sie sind. Ohne Abstriche. Stehen Sie zu Ihren Eigenheiten und stehen Sie zu Ihren „Fehlern". Sie wissen, dass ich Fehler unter Anführung schreibe, weil die Gesellschaft Verhalten oder angebliche Mängel zu Fehlern erklärt. Doch die Gesellschaft ist ein Gebilde, das nach außen perfekt erscheinen will und in sich von schrecklichen Zwängen geplagt wird. Schon Oscar Wilde hat diese Diskrepanz zwischen dem eigenen Leben und dem in der Gesellschaft erkannt und gesagt: „In der Gesellschaft leben – welche Qual! Aber außerhalb der Gesellschaft zu leben – welche Katastrophe!"

Das ist aber nur dann so, wenn ich glaube, der Gesellschaft etwas vorspielen zu müssen. Wenn ich nicht ich selbst sein kann da draußen. Wenn ich Angst vor wichtigen Meetings in der Firma habe, dann deshalb, weil ich glaube, etwas zeigen zu müssen, was ich nicht in mir spüre.

Eine bessere Herangehensweise ist wohl, mich auf meine Arbeit, auf das, wofür ich zuständig bin, zu konzentrieren. Das zählt viel mehr als einzelne Meetings. Und auch diese verlaufen dann besser, weil Sie inhaltlich Handfestes vorzuweisen haben. Dann sind Sie auch authentisch. Man kann nicht wirken wollen. Man wirkt. Wenn man sich auf das Wesentliche konzentriert. Und das Wesentliche hat immer mit einem selbst zu tun.

Stehen Sie zu Ihrem Körper! Vernachlässigen Sie ihn nicht und sehen Sie ihn als wichtigen Motor, der so lange wie möglich erhalten werden muss, weil er Sie physisch durchs Leben trägt. Wenn Sie sich verändern wollen, dann beginnen Sie damit. Für sich selbst! Weil Sie Lust dazu haben und sich dadurch wohler fühlen. Weil Sie sagen: Ich ändere bewusst meine Gewohnheiten und bin gespannt, wie es mir dann geht. Aber nicht für jemand anderen. Auch hier zeigt sich immer wieder: Für jemand anderen abnehmen zu wollen, funktioniert vielleicht eine Zeit lang. Bis die Motivation durch Enttäuschung oder nachlassendes Interesse, sich für denjenigen verändern zu wollen, wieder in den Keller sinkt. Sie sind, wie Sie sind. Und das ist gut so.

Alles an Ihnen ist gut, wie es ist.
Oder sind Sie selbst vielleicht weniger wert, weil Sie nicht fließend Englisch, Französisch und Latein sprechen? Nein!
Weil Sie kleiner sind als der Durchschnitt oder zu groß? Nein!
Weil Sie nicht rauchen oder schon rauchen? Nein!
Weil Sie keinen Partner haben oder weil Sie einen Partner haben, der den anderen nicht passt?
Nein, nein und nochmals nein!

Wir verheimlichen Dinge, weil wir glauben, dass wir dadurch im Ansehen unserer Mitmenschen sinken oder uns durch sie der Lächerlichkeit preisgeben. Was gibt es nicht alles, wofür man sich „schämen“ könnte. Ich habe als Jugendlicher meiner Mutter keine einzige Freundin vorgestellt bis ich 19 war. Das ist vielleicht normal in dem Alter. Aber es wäre schon damals eine gute Möglichkeit gewesen, Selbstbewusstsein zu trainieren, wenn ich es doch gemacht hätte.

Ich weiß gar nicht, wovor ich Angst hatte. Dass sie ihr nicht gefällt? Dass sie bemerkt, dass ich nicht mehr ihr „Kleiner" bin? Wollte ich sie nicht enttäuschen? Keine Ahnung. Mit 19 habe ich ihr jedenfalls meine damalige Freundin vorgestellt und es war ein gelungener, lustiger Nachmittag.

Daher gehen Sie Ihre Interessen durch und überlegen Sie, ob Sie manche verheimlichen und warum. Sind welche darunter, dann forschen Sie nach, warum Sie sie für sich behalten. Ist es nicht manchmal für Sie sogar schwierig, niemandem davon zu erzählen? Kommen Gespräche ins Stocken, weil Sie Ihre tollen Erfahrungen einfließen lassen könnten, aber sie bewusst zurückhalten? Machen Sie sich kleiner als Sie sind, weil Sie denken, Sie würden verspottet, wenn jemand von Ihren besonderen Fähigkeiten wüsste? Etwa, weil Sie sehr klein sind und eine Kampfsportart betreiben? Oder weil Sie als Handwerker arbeiten und sich mit philosophischen Themen auseinandersetzen? Stehen Sie dazu! Vielleicht bekommen Sie dann einen besonderen Spitznamen unter Ihren Kollegen, wie „Cat Woman" oder „der Herr Professor". Schmunzeln Sie darüber. Es ist eine Anerkennung.

Dass ich mich tiefer und tiefer mit lebensphilosophischen Themen beschäftige und sogar angefangen habe, darüber zu schreiben, habe ich lange für mich behalten. Ich wollte kein Kopfschütteln auslösen. Wollte mich nicht erklären und wollte nicht abgehoben wirken. Ich wollte auch nicht anderen meine Gedanken aufdrängen. Doch warum? Wir können doch stolz sein auf unsere Interessen. Und wenn wir uns viel öfter mit den für uns richtigen Menschen zu sehr persönlichen Themen austauschen, haben beide etwas davon. Wir lernen ja voneinander.

Wir wären oft verwundert, wie interessiert so mancher an Themen ist, über die wir uns nicht zu sprechen trauen. So sind etwa beim Österreichischen Fernsehen, meiner Arbeitsstelle, einige Kollegen auf mich zugekommen, nachdem bekannt wurde, womit ich mich neben der aktuellen Nachrichtenlage noch beschäftige. Menschen, bei denen ich selbst überrascht war, wie sehr sie sich und auf welche Weise sie sich mit unseren Lebensfragen auseinandersetzen.

In diesem Buch steht viel darüber, was ich von anderen Menschen gelernt habe. Gelernt aus den Begegnungen, aus Gesprächen. Gelernt aus Beziehungen und aus gegenseitigen Interaktionen und Reaktionen. Wenn man hinter solch eine Begegnung schaut, den Menschen und seinen ganz speziellen Werdegang betrachtet und vergleicht mit den Entwicklungen anderer, dann braucht man nicht lange, um zu sehen, wie viele unterschiedliche Wege es gibt. Jeder für sich ein Unikat. Darunter viele, die zu überraschend positiven Ergebnissen führen. Die meisten Menschen mit faszinierenden Lebensverläufen haben auf ihre Träume gehört und sind zu ihren eigenen Ideen gestanden.

Wir können mit erhobenem Kopf durchs Leben gehen, ohne uns zu verleugnen. Wenn wir versuchen, zu verstecken, was wir sind, wenn wir uns klein machen, ist es, als würden wir uns selbst und unsere Mitmenschen belügen. Weil wir unser wahres Ich nicht zu erkennen geben.

Diese Lüge wird von unserer Umgebung und unseren Nächsten wahrgenommen. Sie spüren eine Unstimmigkeit in unserem Verhalten, die sie sich nicht erklären können. Sie empfinden diese Schwingung der Zurückhaltung, diese Lüge als eine Art von Verrat. Als würden wir dem anderen nicht vertrauen. Auch diese, unsere Nächsten, öffnen sich dann nie ganz.

Sie reden über dies und jenes, über das Wetter und die Arbeit und den morgendlichen Verkehrsstau – doch was Sie als Persönlichkeit ausmacht, das verschweigen Sie. Small Talk kann eine nette Variante eines Gesprächs sein. Ein angenehm oberflächliches Gespräch ohne Tiefgang gehört dazu. Doch es ist ein Unterschied, ob Sie einfach gerade die Leichtigkeit eines Small Talks genießen oder mit gerade diesem Dialog-Partner Ihr persönliches Befinden, die Gedanken, die Sie sich machen, bewusst nicht teilen wollen. Weil Sie finden, das geht niemanden etwas an. Weil es Ihr ganz privates Ding ist.

Oder ob Sie sich dafür schämen, denken, das interessiert sowieso niemanden, und sich auch einem Vertrauten nicht öffnen können. Vielleicht möchten Sie sich nicht rechtfertigen oder denken sogar, der andere würde es nicht gutheißen.

Erkennen Sie, dass Sie für sich selbst auf dieser Erde wandeln. Alles, was Sie machen, ist richtig. Weil Sie es so für sich entscheiden. Daher können Sie auch stolz auf sich selbst und auf alles, was Sie anpacken, sein. Dann erscheint Ihnen jede Rechtfertigung für Ihre Handlungen unnötig. Sie vertreten Ihren Standpunkt mit Nachdruck, nachdem Sie ihn von verschiedenen Seiten geprüft haben. Warum soll man sich für seine Überzeugung, für das, was man liebt, das, was man gern macht, rechtfertigen?

Diese vergeudete Kraft ist besser in einem freundlichen Gespräch eingesetzt. Wenn Sie Lust haben, den anderen in Ihre Sichtweisen und Ziele einzuweihen, dann auch auf diese Art. Denn wenn man stolz ist auf etwas, dann spricht man auch gerne darüber. Und bewirkt, dass unsere Mitmenschen uns erkennen und das Besondere in uns entdecken: unsere Kraft.

Dieses voll zu sich Stehen betrifft auch unsere Meinungen und Ansichten. Wenn Menschen in ihrer Meinung unsicher sind, kann es passieren, dass sie sich in Diskussionen wie eine Fahne im Wind drehen und ihrem Gegenüber ständig recht geben. Auch wenn sie seine Meinung nicht teilen. Man verhält sich natürlich manchmal so, weil man die Harmonie nicht stören will. Man will sich einfach gut unterhalten und den Draht zum Gegenüber stärken. Doch mit Fingerspitzengefühl kann man es auch dann schaffen, seine eigenen Ansichten nicht zu verleugnen.

Wenn man etwa ein Gespräch über Kindererziehung mit anderen Eltern führt, in dem man hört, dass, übertrieben gesprochen, die Meinung des Kindes nicht zählt, nur Zeugnisnoten und Erfolg wichtig sind und man einem Kind seine Flausen austreiben muss, dann könnte man in ruhigem Ton einstreuen, wie nett es ist, wenn man zusieht, wie Kinder spielerisch ihren Fantasien freien Lauf lassen. Und wie wichtig es auch laut Hirnforschern ist, wenn Kindern langweilig ist und sie durch die Beschäftigung mit sich selbst besonders kreativ in Problemlösungen werden. Das würde jedenfalls mehr bringen, als diesen Elternteil abzukanzeln und ihm Ihre Meinung aufdrängen zu wollen. Dabei stehen Sie trotzdem zu sich und freuen sich über Ihre eigene Entscheidung, es anders zu machen.

Kommt es vielleicht manchmal vor, dass Sie Ihrer eigenen Meinung nicht trauen? Dass Sie denken, sie wäre falsch und möglicherweise unsinnig? Wirken in solchen Momenten die Menschen, die ihre Meinung vertreten, auf Sie autoritär? Fühlen Sie sich dadurch eingeschüchtert? Seien Sie sich Ihres Werts bewusst! Kein Angriff, keine Verteidigung. Ruhen Sie in sich und akzeptieren Sie die Unterschiede zwischen den Menschen.

Lassen Sie sich einschüchtern und sich von der Macht eines anderen an die Wand drängen, treten Sie in diesem Gespräch Ihre innere Kraft an Ihr Gegenüber ab. Sie verlieren Ihre Eigenständigkeit, die einen Menschen als Individuum ausmacht. So schrumpft Ihr Selbstwertgefühl von Konversation zu Konversation. Sie verlieren Ihr Ich und brauchen immer länger, es zurückzugewinnen. Sie fühlen sich unbedeutend und verlernen den Zugang zu anderen Menschen.

Das Dumme daran: Es gibt nur wenige Menschen, die Gespräche, in denen es eigentlich um nichts geht, weil man zu viel vor dem anderen versteckt, befruchtend finden. Wer seine Meinung vertritt, will sie an den Ansichten und den Kenntnissen eines anderen überprüfen. Und er will auf neue Ideen gebracht werden. Man muss nicht zwanghaft anderer Meinung sein. Aber ein offenes Gespräch kann bei gewissen Themen immer an Fahrt aufnehmen, wenn man sich nicht verstellt und dem folgt, was man wirklich bei den Worten im Dialog empfindet und was man sagen will. Lassen Sie sich hineinfallen, genießen Sie den verbalen Austausch und genießen Sie die innere Stärke, die ein gutes Gespräch in Ihnen entfaltet.

Suche nach Wahrheit

Von klein auf machen wir uns auf die Suche nach den Geheimnissen der Welt. Als Kind gibt es so viel zu entdecken. Alles ist neu. Wir staunen über all die Eindrücke, machen große Augen und sagen laut: „Ooohhh!“ Das gibt sich mit der Zeit. Wann beginnt es eigentlich, dass man nicht mehr zugeben will, etwas nicht zu wissen? – Schon sehr früh. Bei meinem Sohn teilweise im Kindergartenalter. „Weiß ich!“, rief er dann sofort, wenn ich etwas erklären wollte, von dem er schon gehört hatte. Aber auch wenn es mit Gleichaltrigen um den Inhalt von Geschichten geht oder um Charaktere aus Fernsehsendungen, wollen Kinder schon bald die sein, die sich auskennen.

Sind wir erwachsen, wollen wir erst recht wissend sein. Wozu haben wir schon so viel gelernt und so viel erfahren? Doch wir können nur etwas richtig entdecken, wenn wir nicht nur hinschielen auf das Unbekannte, sondern uns eingehend damit beschäftigen. Begeben Sie sich in die Rolle des wissbegierigen Schülers! Das ist viel aufregender und spannender und gleichzeitig verursacht sie nicht so viel inneren Stress, als wenn Sie glauben, über alles und jedes Bescheid wissen und auf alles eine Antwort haben zu müssen.

Auf der Straße begegnet man vielen Menschen. Sie gehen an einem vorbei und man selbst an ihnen. Es scheint, als wäre die Situation immer gleich: Man geht an Menschen vorbei. Sie gehen über einen Platz, sie gehen über die Straße, sie gehen in Geschäfte. Und doch sind es immer andere Menschen. Mit anderen Geschichten und anderen Eigenschaften.

Würde sich ein Gespräch mit einem dieser Menschen ergeben, würde es immer anders verlaufen. Zahlreiche Straßenumfragen haben mir das gezeigt. Wenn ich mit dem Mikrofon in der Hand und dem Kamerateam an meiner Seite für einen Fernsehbericht auf der Suche nach Meinungen bin. Versuchen Sie daher, sich künftig in Begegnungen oder in Situationen neu hineinzubegeben. Mit einem neugierigen Blick auf das Kommende. Suchen Sie sich von all den vielen Möglichkeiten eine aus, auf die Sie sich in besonders neugieriger Weise einlassen.

Versuchen Sie, auch die Wahrheit Ihrer Mitmenschen zu verstehen. Deren Lebensweisen. Es gibt so vieles, das wir verurteilen, weil wir denken, wir seien seit Jahren so weit, dass wir die Elemente des Lebens durchschaut haben. Wir müssten einfach so weit sein! Schließlich wären wir jetzt die Großen und müssten die Geschicke unserer Familie, unserer Firma, unseres sozialen Umfelds, unseres Landes lenken. Stimmt im Prinzip auch. Wir sind durchaus so weit. Nachhaltig wird uns das aber nur auf befriedigende Art und Weise gelingen, wenn wir neue Wahrheiten nicht ablehnen.

Merken Sie sich folgende Regeln:

Stellen Sie sich darauf ein, Ihr Leben lang zu lernen. Das Wissen, das Sie in diesem Moment haben, kann sich verändern. Was Sie bisher erlebt haben, spiegelt nicht alle Gesetzmäßigkeiten des Lebens wider.

Entdecken Sie neue Wahrheiten und integrieren Sie sie in Ihre Erfahrungen.

Seien Sie offen für neue Sichtweisen und lernen Sie von den Ansichten anderer.

Nur wer Neues sucht, findet es auch

Sie verleugnen sich nicht, weil Sie unvoreingenommen auf bestimmte Situationen zugehen – ohne vorher schon zu wissen, was passieren wird. Sie verstecken ja nicht, was Sie in Ihrem Leben schon gelernt haben, und können Ihr Wissen jederzeit anwenden. Die Souveränität in Ihren Kompetenzen behalten Sie deswegen trotzdem und werden kein naiver, ungelehriger, ewig Fragender. Keine Angst. Aber reden Sie sich auch nicht ein, dass Sie, nur weil Sie erwachsen sind, über alles Bescheid wissen. Wissen, wie der Hase läuft. Nur weil Sie schon viel erlebt haben, heißt das nicht, dass diese Situation, die genauso daherkommt wie eine andere, auch genauso verläuft.

Wenn wir jederzeit mit ungewohnten Situationen rechnen, sie in Gelassenheit und Neugier annehmen und gespannt darauf sind, welche Richtung sie einschlagen, beginnen wir, unsere Scheu davor abzulegen. Wir sind oft unsicher, eben weil wir nicht wissen, was uns erwartet. Wollen wir uns aber bewusst einlassen, verlieren wir diese Unsicherheit.

Probieren Sie es einmal auf andere Art. Die Offenheit für neue Erfahrungen und Änderungen Ihrer Perspektive macht Ihr Leben reicher.

Wissen Sie, wo diese Offenheit Ihr Leben noch bereichern kann? Bei Ihrem eigenen Verhalten. Auch das ist nicht in Stein gemeißelt. Sind Sie zufrieden damit?

Schalten Sie gerne auf stur, weil Sie der Meinung sind, es geht nur auf eine Art und Weise – auf Ihre?

Oder sind Sie zu angepasst und reagieren nur, wie Ihr Gegenüber reagiert?

Es gibt kein vorhersagbares Schema, nach dem das Leben zu bewältigen ist. Man lernt oft eine oder zwei Verhaltensweisen und hat damit genug. Das ist, wie wenn wir schwimmen lernen, es aber beim Brustschwimmen belassen und niemals das Kraulen oder Rückenschwimmen ausprobieren. Es geht schon auch so, deshalb ist es aber noch lange nicht alles.

Die Schulung unseres Verhaltens ist ein Beobachten nach innen und außen – und sie erfährt immer neue Lektionen. Die Wahrheit, wie Sie sich geben können, ist noch lange nicht zur Gänze ausgeschöpft. Denn, was vor zehn Jahren noch gut war, muss es für Sie jetzt nicht mehr sein. Lassen Sie sich daher auf neue Erkenntnisse ein und scheuen Sie sich nicht, Ihr Verhalten und damit Ihre Einstellung zu adaptieren, wenn Sie finden, es ist an der Zeit dafür. Als krasses Beispiel etwa: Jeder wird Ihnen applaudieren, wenn Sie etwa beschließen, statt wie bisher mürrisch mit knappen Worten besetzt auf Ihre Umwelt zu wirken, sich nach und nach ein entgegenkommenderes Verhalten anzueignen. Das ist doch eine recht eindeutige Sache.

Aber genauso kann es Ihnen guttun, in einer Situation gar nichts vorzuhaben und Ihre von Erfahrungen geprägte Herangehensweise einmal zurückzunehmen. Wenn Sie schon von vornherein zu wissen glauben, wie die Situation verläuft und wie sie ausgeht, nehmen Sie sich die Chance neuen Erlebens. Lassen Sie sich einfach hineinfallen und bleiben Sie neugierig. Das heißt nicht, abzuwarten und nichts zu tun.

Sie sind dabei aktiv, interessiert und reagieren, wie es Ihnen richtig scheint. Aber Sie sind ganz im Moment und nehmen feine Signale wahr. Schulen Sie so Ihre Unvoreingenommenheit. Holen Sie sich mit positiver Kraft in den Augenblick hinein. Erleben Sie das Jetzt und lernen Sie daraus. Lernen Sie, dass dieser Moment seinen Verlauf nimmt, ohne von Ihnen schon vorher eingestuft und berechnet worden zu sein. Und erleben Sie, dass er dadurch möglicherweise eine Richtung nimmt, die genauso befriedigend für Sie ist, wenn nicht noch gelöster und heiterer.

Eine Extremform der Voreingenommenheit in der Kommunikation – auch ich ertappe mich immer wieder dabei – ist, dass man bei jedem Satz der Person, mit der man spricht, schon vorher zu wissen glaubt, wie er endet – manche sprechen die letzten Worte sogar aus und vollenden den Satz für einen. Das ist ganz natürlich, weil wir schon so viele Gespräche geführt haben und deren Abläufe kennen. Und wir projizieren damit in den Dialog, was wir gerne hören würden oder was wir annehmen, das folgt. Wir irren uns dabei aber häufig und der Gesprächspartner fühlt sich in diesem Dialog nicht vollwertig. Er will selbst seine Sätze zu Ende sprechen, mit seinen Worten.

Die Suche nach Wahrheit funktioniert dabei so: Widmen Sie Ihre ganze Aufmerksamkeit dem Gesprächspartner. Das ist das viel gerühmte „gute Zuhören“. Hören Sie also zu und seien Sie gespannt darauf, was für Worte folgen, welche Aussage dem Gegenüber so wichtig ist, dass er sie mit Ihnen teilen will.

Mir fällt das besonders auf, wenn ich mit meinem Sohn spreche. Ich glaube oft schon zu wissen, was er sagen will. Weil ich mir im Großen und Ganzen schon eine geradlinige, logische Art zu denken aufgebaut habe, die meiner Welt entspricht. Da täuscht man sich aber gerade bei Kindern! Das Witzige bei Kindern ist, dass Sie durch ihre viel buntere Gedankenwelt sehr überraschende Aussagen machen. Da bin ich oft wirklich am Holzweg mit meiner Voreingenommenheit. Es lohnt sich, Kindern richtig zuzuhören. Da wird man aus seinem Korsett wunderbar herausgeholt.

Diese Beispiele zeigen auch, dass ich immer weiter lernen kann. Die Vielfalt des Lebens will immer neu ergründet werden. Das Kennenlernen des Lebens ist ein lebenslanger Prozess. Es gibt nicht nur die Wahrheit jedes Einzelnen für sich. Die ständige Neugier darauf, mehr darüber zu erfahren, wie das Miteinander funktioniert, unterschiedliche Anschauungen, der Weg zu einem zufriedenen Leben, wird Ihnen die Welt lebendig halten und nicht vorgaukeln, dass sie immer langweiliger wird, weil Sie sich darin schon auskennen wie in Ihren eigenen vier Wänden. Das Tolle daran: Es gibt nicht nur das Eine, die eine Lösung, die eine Machart, das eine Verhalten. Und das macht die Suche nach „der Wahrheit" so tiefgreifend, aufregend und fortwährend.

Annehmen und wachsen

Es ist der Schlüssel zum Erfolg, um das Leben mit all seinen Widrigkeiten gut zu meistern. Diese Widrigkeiten können so plötzlich und unerwartet ins Leben treten. Oft haben sie mit einem Verlust zu tun. In unserer Umgangssprache ist „annehmen und wachsen" beschrieben mit: *Gleich wieder aufs Pferd steigen* oder *Hinfallen, aufstehen, Krone richten und weitergehen*. Das Akzeptieren, das Zulassen des Laufs des Lebens. Es bekommt nicht ohne Grund diese hohe Bedeutung zugeschrieben. Es wird nicht umsonst so sehr beschworen, wie wichtig es ist, nicht aufzugeben. Nicht zu verzweifeln an Schicksalsschlägen. Das wäre, als würden Sie das Wasser im

Kübel ausschütten, nur weil er ein Loch hat. Besser ist es, das Loch zu stopfen.

Annehmen. Das ist die höchste Hürde auf dem Weg zu einem zufriedenen Leben. Sie haben die Wahl. Es steht Ihnen natürlich auch frei, nicht mehr stark sein zu wollen. Alles hinzuwerfen. Wenn Schicksalsschläge oder sich schier unüberwindbare Hindernisse vor Ihnen auftun. Doch Sie werden mit dieser Einstellung ebenso nichts verändern, Sie werden damit kein Problem lösen und Sie werden Ihr eigenes Leiden verlängern.

Und wissen Sie was? Sie verschwenden so auch eine große Chance. Die Chance, die dieser Schicksalsschlag Ihnen bietet. Sie erfahren nicht, warum er überhaupt geschehen ist und was er bewirken soll. Damit gehen Sie möglicherweise am Sinn Ihres eigenen Lebens vorbei: Dass Sie, Sie selbst, sich weiterentwickeln! Dass Ihr Ich lernt und reift. Das geht nur an großen Herausforderungen.

Ist Ihnen etwas passiert, das Ihr Leben komplett durcheinanderbringt? Sie vielleicht in tiefe Verzweiflung stürzt? Etwa weil Ihre jahrelange Beziehung, auf deren Fundament Sie Ihr Leben aufgebaut haben, zusammengebrochen ist? Dann lassen Sie die Welle des Schmerzes auf jeden Fall zu. Annehmen heißt nicht, über den Dingen zu stehen und kalt wie ein Stück Metall im Kühlschrank zu reagieren. Doch wie es der Charakter einer Welle ist – sie ebbt auch wieder ab. Lassen Sie auch das Abebben zu. Baden Sie nicht im Schmerz. Sie sind nicht verpflichtet dazu, diesen Schmerz oder auch einen Ärger aufrechtzuhalten, weil er Ihnen als richtige Art und Weise zu reagieren beigebracht wurde.

Meistens ergeben sich durch diesen Vorfall einige Änderungen in Ihrem Leben. Stehen Sie auf und machen Sie sich in kleinen Schritten an die Arbeit. Beschäftigen Sie sich damit, was dieser tiefe Einschnitt für Sie und Ihren weiteren Weg bedeutet. Machen Sie, was notwendig ist, um die Folgen zu erkennen und sie in Ihr Leben zu integrieren.

Sie verlieren etwa Ihren Job. Plötzlich und unerwartet, weil Ihr Chef die Rationalisierungsmaßnahmen bis zuletzt geheim gehalten hat, um keinen Unfrieden zu erzeugen. Vielleicht haben Sie einen Beruf, der nicht an allen Straßenecken gesucht wird. So etwas ist ein Schock. Keine Frage. Seinen Job zu verlieren bedeutet oft, wenn sich nicht schnell etwas Neues auftut, für einige Zeit extreme finanzielle Einschnitte hinnehmen zu müssen. Auch wirkt Arbeitslosigkeit auf die Psyche, wie es sonst nur Beziehungsthemen machen. Man fühlt sich wie ein Spielball, den man fallen gelassen hat. Man empfindet sich vielleicht sogar als wertlos.

Sich da rauszuholen und den Selbstwert zu bewahren, braucht viel Kraft. Doch sich dem Schicksal zu ergeben und bis zur Pension stempeln zu gehen, ist auch keine Option. Nicht, wenn Sie Ihr Leben nicht vergeuden wollen. Wenn Sie aber die Kündigung innerlich nicht annehmen, sie nicht als zugehörigen Teil Ihres Lebens akzeptieren, werden Sie sich in eine Opferrolle begeben. Dann sind Sie vermutlich ständig unzufrieden, hadern mit dem Schicksal und kommen sich bei jedem künftigen Vorstellungsgespräch als Betrogener vor. Die Auswirkungen solch einer Stimmung auf das soziale Umfeld und potenzielle Arbeitgeber brauche ich Ihnen sicher nicht im Detail zu schildern.

Doch wenn Sie sagen: Gut, so verläuft also mein Leben. Dann stellen Sie sich und nutzen die Chance, für sich zu erörtern, wie Sie diese Wendung im Leben für sich nutzen können. Dann werden sich neue Türen und Tore öffnen.

Überlegen Sie, was Sie tun können, um das Beste aus der Situation und im Endeffekt aus Ihrem Leben zu machen.

Machen Sie eine Liste, in der alles steht, was Ihr Leben bereichern könnte. Die Punkte darin können anfangs sehr träumerisch sein. Realistisches und möglicherweise Unrealistisches nebeneinander. Ohne Bewertung. Beantworten Sie dafür folgende Fragen:

Was wollten Sie immer schon erreichen?
Was wollten Sie immer schon ausprobieren?
Womit beschäftigen Sie sich leidenschaftlich?
Was waren Ihre Kindheitsträume?
Welche Berufswünsche hatten Sie als Jugendlicher?
Bei welcher Tätigkeit, in welchem Umfeld fühlen Sie sich sicher, geborgen, angekommen?

Überprüfen Sie für diese Liste Ihr Innerstes. Ihre geheimsten Wünsche. Verkriechen Sie sich nicht, blocken Sie nichts ab!

Gehen Sie nun diese Liste durch und stellen Sie sich vor, wie Ihr Leben mit dieser oder jener Tätigkeit in zehn Jahren aussehen würde. Achten Sie auf Ihr Bauchgefühl! Kommt ein Gefühl der Begeisterung, der Sehnsucht aus der Magengegend durch Ihren Hals hinauf, in Ihren Mund und Ihre Augen? Ist es das, was Sie eigentlich wirklich tun möchten? Mithilfe dessen Sie sich ganz fühlen? Gehen Sie diese Tätigkeit langsam an. Setzen Sie Schritt für Schritt, aber stetig, um zu erreichen, was Sie als Ihren Lebensinhalt ansehen.

Das muss nicht immer etwas sein, das Ihr Leben komplett auf den Kopf stellt. Das Sie herausreißt aus Ihrem gewohnten Umfeld. Im Gegenteil. Für viele Menschen ist Sicherheit ein wesentlicher Aspekt im Leben. Die zu bekommen bedeutet für viele schon echtes Glück. Erkennen Sie daher mithilfe dieser Liste Ihre Bedürfnisse in jede Richtung: Was den Sinn Ihres Lebens betrifft und auch was in Ihnen Zufriedenheit auslöst.

Sehen Sie alle Aspekte von sich und vereinen Sie sie in Ihrem Lebenskonzept. Wenn es Ihnen ohnehin gut geht, warum sollten Sie etwas ändern? Wenn Sie aber jeden zweiten Tag schlecht gelaunt sind, weil Ihnen Ihr Tagesablauf nicht passt, dann ändern Sie etwas. Bewältigen Sie diese Herausforderung in vollem Bewusstsein Ihrer vorhandenen und kommenden Fähigkeiten und in Einklang mit sich selbst.

Zurück zum Annehmen des Lebens, wie auch immer es verläuft. Was vor allem bei schwierigen und belastenden Ereignissen meist nicht leichtfällt. Kann man das üben? Ja, mit nicht so bedeutungsvollen Ereignissen, die uns aber auch zumindest einen handfesten Fluch entlocken: Wenn Ihnen etwas kaputt geht, besinnen Sie sich auf den rein materiellen Schaden. Materielles ist immer ersetzbar. Wenn es ein Liebhaberstück war, schulen Sie sich im Akzeptieren dieses Verlustes.

Sehen Sie nervenaufreibende Konfrontationen als Prüfung Ihrer Fähigkeit, den Moment anzunehmen und trotz der Anspannung bei sich und stark zu bleiben.

Können Sie es etwa schaffen, wenn Sie übergangen werden, es anzunehmen und sich, statt sich zu ärgern, auf sich und Ihre Fähigkeiten zu besinnen? Bedenken Sie dabei, dass bei fast allen Entscheidungen im täglichen Leben die einen mehr davon haben, andere weniger. Das ist nicht gegen Sie persönlich gerichtet.

Machen Sie das immer wieder. Täglich. Wenn ein Glas hinunterfällt, Ihnen jemand ins Auto fährt, Sie sich den Kaffee über die Bluse oder das Hemd schütten, Sie in Ihren Augen unfair behandelt werden. Die Relevanz dieser Vorfälle ist mit einem Schicksalsschlag nicht zu vergleichen. Doch zu ändern ist beides nicht. Und was man im Kleinen beherrscht, lässt sich auch auf Großes leichter umlegen.

Es geht in vielen Fällen nicht darum, ein Problem zu lösen. Wir wollen auf alles Einfluss haben. Wehren uns gegen das, was passiert, wollen sofort reagieren, es in den Griff bekommen. Indem wir aber unsere Einstellung dazu ändern, den Umgang damit, sind wir auf kommende ähnliche Herausforderungen besser vorbereitet.

Es nützt nichts, eine Mauer des Widerstands aufzubauen, alles in Bewegung zu setzen, bei Ereignissen, die nicht umkehrbar sind. Das kaputte Glas wird nicht mehr ganz, auch wenn Sie den Gast, der es fallen gelassen hat, beschimpfen, verklagen und mit Superkleber versuchen, den Bruch rückgängig zu machen.

Ich weiß, bei Ihnen geht es nicht einfach um ein kaputtes Glas. Doch Sie wissen, was ich meine. Auch der Tod eines geliebten Menschen hinterlässt so viele Scherben in uns. Ich selbst fürchte mich auch vor den Momenten, wo ein geliebter Mensch stirbt. Doch gerade damit wissen wir meist in aller Trauer umzugehen, aber letztendlich die Realität anzuerkennen. Denn der Tod liegt in unserer Natur und uns ist bewusst, so unglaublich und entsetzlich er ist, so unumkehrbar ist er auch. Erst unser Widerstand dagegen, gepaart mit der Sehnsucht nach dem Verstorbenen, erzeugt unseren Frust und unsere Trauer.

Das betrifft, neben dem Tod, daher besonders Schicksalsschläge, die wir nicht hinnehmen wollen, weil wir denken, wir könnten sie noch ändern. Stimmt das aber nicht, gelingt es uns nicht, leiden wir oft jahrelang darunter.

Manche Menschen können mit Krisen besser umgehen als andere. Es liegt in ihrem Naturell, dass sie den Verlauf des Lebens nicht umdrehen wollen. Sie bewegen sich mit ihm. Und sie setzen geeignete Impulse, damit es nicht aus dem Ruder läuft. Das ist die mittlerweile allgemein bekannt gewordene Resilienz. Die menschliche Widerstandskraft. Es gibt sie. Und wer darin nicht geübt ist, kann sie erlernen. Mit der bewussten Entscheidung, sich von einem Schicksalsschlag das Leben nicht kaputt machen zu lassen. Also genau mit den Methoden, die ich in diesem Kapitel, aber auch in anderen beschreibe.

Noch leichter gelingt Ihnen das, wenn Sie wissen, dass das Leben für uns immer wieder den einen oder anderen Dämpfer bereithält. Und zwar, um uns die Möglichkeit zu geben zu lernen und uns weiterzuentwickeln. „Das Leben ist eine Gratwanderung zwischen allen Formen der Verletzlichkeit", befindet der französische Neurologe und Psychiater Boris Cyrulnik.

Wenn wir uns darüber ärgern, viel Geld verloren zu haben, versucht uns das Leben möglicherweise in der richtigen Betrachtungsweise des materiellen Besitzes zu schulen. Man hört ja immer wieder von Pechvögeln, die wiederholt probieren, das große Geld zu machen und regelmäßig daran scheitern. Vielleicht liegt es an der falschen Einstellung zum Geld. Das Verhältnis wird einem klar vor Augen geführt, wenn man sich etwa zum einen darüber ärgert, in der Parkgarage um 50 Cent zu viel pro Stunde bezahlen zu müssen, und zum anderen eine Polizeistrafe über siebzig Euro im Briefkasten wartet. Dann will das Leben einem die wahre Bedeutung des Geldes im Vergleich zum Leben an sich und dessen Wichtigkeiten demonstrieren.

Es entsteht ein Ungleichgewicht, wenn die ganze Aufmerksamkeit auf Geld und dessen Gewinn und Erhalt gerichtet ist. Das Leben ist auf Ausgleich ausgerichtet. In uns und um uns herum. Für unsere persönliche Waage von Bedeutsamkeiten. Das spricht jetzt nicht die verschiedenen Vermögensverhältnisse zwischen unterschiedlich begüterten Menschen an. Es geht ums eigene Empfinden. Ein reicher Mensch kann die Balance zwischen seinem persönlichen Reichtum und dessen Wichtigkeit genauso ins Ungleichgewicht bringen wie jemand, der nicht so viel hat. Die Verluste und der Schmerz darüber fallen auch in diesen unterschiedlichen Dimensionen ähnlich aus.

Und am letzten Tag des Lebens bleibt jedem dasselbe.

Daher besinnen wir uns auf unser Dasein und was uns daran wichtig ist. Freuen wir uns auf Möglichkeiten zu lernen, statt uns dem Leben mit Zorn entgegenzustellen. Wenn wir uns auf eine noch so unbefriedigende Situation einlassen, werden wir dann schon sehen, irgendwann, ob es unser Leben im Endeffekt bereichert hat.

Mit sich sein

Kommen wir daher wieder zum Wesentlichen: zu Ihnen! Verlieren Sie nicht den Kontakt zu sich selbst. Nehmen Sie ihn immer wieder bewusst auf. Dazu brauchen Sie nicht viel: nur sich.

Dieses mit sich Sein bedeutet ganz in sich hineinzugehen. Das bedeutet wiederum, auch einmal bewusst allein zu sein. Ohne Ablenkung. Das kann, wenn man es nicht gewohnt ist, ein schrecklicher Zustand sein. Wenn ich allein sage, dann meine ich richtig allein. Ohne eine andere Person in unmittelbarer Nähe, die man näher kennt und deren Schwingungen die eigenen mitvibrieren lassen.

Das erzeugt eine ganz andere Stimmung in Ihnen selbst, als wenn diese Person da wäre. Wir sind viele Personen in einer. Je nachdem, mit wem wir zusammen sind und in welcher Rolle wir uns befinden. Wir sind eine andere Person, wenn wir mit unserem Liebling umarmt auf der Terrasse stehen, als wenn wir mit einem Mitarbeiter klären müssen, warum ein Fehler passiert ist. Doch Sie sind auch jemand anderer, ob Sie sich alleine auf einem Felsen, umgeben von Bäumen, befinden oder eben mit einer zweiten Person im Raum. Wir werden uns in Gegenwart eines anderen uns selbst gegenüber niemals so öffnen, wie wenn wir auf diesem Felsen sitzen. Und doch sind das alles Sie.

Alleinsein bedeutet auch, nicht zu bügeln, nicht aufzuräumen, nicht alleine shoppen zu gehen, nicht fernzusehen und auch nicht, sich ins Handy oder das Tablet zu vertiefen. Der innere Raum muss frei gemacht werden, um in sich hineinblicken zu können. Vielleicht geht es zu Hause, in den eigenen vier Wänden. Aber wenn Sie sich dort ablenken lassen durch den Tisch, der zusammengeräumt gehört, das Geschirr, das in den Geschirrspüler will, oder möglicherweise weil ein Nachbar oder der Briefträger anläutet, dann rate ich Ihnen, sich lieber einen Platz zu suchen, an dem diese Dinge nicht passieren können.

Warum ist das so wichtig? Weil Sie nur so die Möglichkeit haben, Ihre Gefühle, Ängste und Blockaden aufrichtig zu durchleuchten. Sie spüren das Besondere in sich, was Sie ausmacht, was Sie sind und vor allem: dass Sie sind!

Und manchmal, nach einiger Übung, kann sogar ein flüchtiger Blick in Ihr Unterbewusstsein gelingen. Das sind kurze Augenblicke, die Ihnen aber erleuchtende Eingebungen bringen. Die Ihnen sagen, wie Sie ticken und was Sie wirklich brauchen. Ein Geistesblitz auf das eigene Wesen bezogen. Eine Anregung Ihres Innersten, mit der Sie einen großen Schritt weiter gelangen in Ihrer Vervollkommnung. Ja, einen entscheidenden Schritt. Das klingt pathetisch, aber in unserem Dasein ist es das Wichtigste überhaupt, sich innerlich weiterzuentwickeln. Dafür sind wir hier.

Sind wir dazu nicht bereit, stehen wir immer wieder vor den gleichen Problemen. Wir bauen unsere Widerstände gegen die Wahrheiten des Lebens nicht ab, sondern laufen den Trugbildern eines egozentrischen und vor Bedürfnissen und Zwängen überquellenden Lebens hinterher.

Diese Weiterentwicklung passiert aber nur, wenn wir uns in regelmäßigen Abständen ganz auf uns selbst einlassen. Denn unsere Entwicklung findet nicht außen statt, über Hektik, über Handlungen, über Lärm, der auf uns eindröhnt, und auch nicht über Sorgen und Jammer, wie schrecklich das Leben ist – das sind Erfahrungen und einseitige Bewertungen. Erfolgreich sind Sie, wenn Sie die innere Entwicklung über tiefe Erkenntnisse über sich und die Vorgänge des Lebens zulassen und durchwandern.

Alte Verletzungen sind Teile Ihrer Persönlichkeit

Wir haben uns eine natürliche Angst erhalten aus den Verletzungen der Vergangenheit. Unsere Kindheit war geprägt von Ermahnungen. Entscheidend dafür, wie wir etwa mit unseren Gefühlen heute umgehen, ist meist, wie andere mit unseren Gefühlen in jeweiliger Ausprägung in der Kindheit und in der Jugend umgegangen sind.

Wurden sie beachtet, akzeptiert, als Teil von Ihnen selbst geschätzt?

Hatten Sie Erfolg damit, diese Gefühle offen zu zeigen?

Oder haben Sie sie in Schachteln gepackt und in den Keller Ihrer Seele geräumt?

Diese Gefühle schmerzen dann am meisten, wenn sie sich wieder einmal bemerkbar machen, wir sie aber als böse oder unpassend bewerten. Wie etwa dic kindliche Freude, das Herausschreien von

Begeisterung, die durch Ermahnungen, möglicherweise sogar unter Androhung von Strafen, unterdrückt worden ist. Wir erlauben uns dann später nicht mehr, solche Gefühle preiszugeben. Ihnen Ausdruck zu verleihen. Und darunter leiden Sie.

Oder Sie sind als Kind ständig auf Desinteresse gestoßen. Mussten sich schon früh alleine durchschlagen. Haben wenig Unterstützung bekommen, wenn Sie vor Problemen gestanden sind, die Sie als Kind überfordert haben. Manchmal hätte doch nur etwas Zuspruch von Menschen, denen Sie Ihr Urvertrauen geschenkt haben, gereicht. Doch Sie haben möglicherweise gelernt, sich auf niemanden verlassen zu können. Dann lehnen Sie als Erwachsener jede Hilfe von anderen ab. Sie wollen so unabhängig wie möglich sein und werden dadurch immer einsamer.

Haben wir solche Erlebnisse gemacht, begleiten sie uns ein Leben lang. Außer wir lenken unsere Aufmerksamkeit darauf und machen neue Erfahrungen. Aus diesen neuen Erfahrungen heraus besetzen Sie die negativ erlebte Vergangenheit neu. Diesmal positiv.

Auf die Kindheit folgten so manche Verletzungen während unseres Erwachsenwerdens. Im Wettbewerb um den Status in der Gesellschaft. Mit Freunden und durch Autoritätspersonen. Immer noch wussten wir nicht so recht, wie das Leben überhaupt geht. Wir tappten unter Umständen von einer Enttäuschung in die nächste. Fehlende Anerkennung. Misserfolge bei der Partnersuche. Ablehnung unserer Wünsche und Träume durch andere. Nein, nein, es hat auch viele glückliche Momente gegeben, kleine und große Erfolge, Liebe und ... Aber die Verletzungen wirken so viel stärker und länger nach. Aber warum? Mit dem Schönen gehen wir meist besser um. Wir freuen uns darüber, beschäftigen uns damit, erzählen es weiter. Damit machen wir genau das nicht, was wir bei Verletzungen oft tun: Wir verdrängen sie, ziehen uns zurück, drücken sie aus unserem Bewusstsein in das Unbewusste, wo sie weiterwuchern und auf geeignete Momente warten, wieder an die Oberfläche zu tauchen.

An das Schöne denken wir gerne zurück – es hinterlässt keine

Wunden, sondern richtet uns auf. Die Verletzungen machen sich bemerkbar, wenn sie durch ähnliche Ereignisse oder unbedenkliche Sätze unserer Mitmenschen aktiviert werden. Und sie machen sich durch Schmerz bemerkbar. Der sich seinerseits durch Wut, Aggression oder tiefe Trauer äußert. Es hat nichts Spirituelles an sich, wenn ich sage, versuchen Sie, diesen Schmerz zu spüren, ihn wirken zu lassen und ihn dadurch zu ergründen. Seine Herkunft, sein Wirken. Wie fühlt sich das für Sie an? Am Anfang wahrscheinlich unerträglich. Doch durch die Konfrontation mit dem Schmerz wird der Schmerz weniger. Das sagen nicht nur spirituelle Lehrer, sondern auch die Wissenschaft in Form der Psychotherapie. Alle haben erkannt, dass wir den Schmerz nur dann besiegen können, wenn wir ihn von ganz unten herauf an die Oberfläche holen, ihn erkennen und ihn so selbst gefangen nehmen und unschädlich machen können. Das ist auch ein Geheimnis der Resilienz: Wenn wir wissen, was uns zu Boden drückt, können wir es leichter in die Höhe stemmen.

Selbst bei der leisesten Andeutung, dass der Schmerz Sie wieder in seine Fänge nimmt, fragen Sie sich ab jetzt, was es mit diesem Gefühl auf sich hat:

Warum empfinden Sie es gerade jetzt?
Was war der Auslöser?
Warum ist es überhaupt möglich, dass der Auslöseknopf immer noch gedrückt werden kann?

Aus welchem Ereignis in Ihrem Leben schöpft dieser Schmerz seine Energie?
Welche Verletzung konnte nicht heilen und beeinträchtigt Sie jetzt dermaßen?
Warum wird der Schmerz schon bei Kleinigkeiten hervorgerufen?

Wenn Sie ganz mit sich sind, verurteilen Sie sich nicht. Wühlen Sie sich nicht mit Schuldgefühlen auf. Sie sind niemals schuld! Bleiben Sie auf der Suche nach den dahinterliegenden Gründen Ihres Schmerzes. Versuchen Sie, losgelöst von Bewertungen, wie Sherlock Holmes das Mysterium Ihres eigenen Ichs zu ergründen. Es soll kein Mysterium bleiben, und das wird es nicht, wenn Sie in sich selbst hineinhören.

Dazu müssen Sie nicht, wenn Sie mit sich sind, verzweifelt graben und analysieren. Ruhen Sie in sich. Es kommt dann von selbst. Wenn Sie sich Zeit dafür nehmen. Weil Platz dafür da ist. Endlich einmal! Lassen Sie sich dabei nicht beirren. Wenn Sie das ein paar Mal gemacht haben, in völliger Ruhe zu sich zu kommen (dabei ist es egal, ob in der Ferne ein Rasenmäher röhrt oder Sie die Autobahn hören, denn die Ruhe nehmen Sie in sich wahr und koppeln sich ab von den Vorgängen um sich herum) und sich kennenzulernen, dann werden Sie es immer wieder tun wollen.

Möglicherweise werden Sie richtiggehend süchtig danach. Denn Sie begeben sich jedes Mal auf eine Reise, die spannender nicht sein könnte. Weil Sie nicht wissen, wohin sie führt. Sie treten befreit und ohne Scheu vor dem, was Sie erblicken, diese Reise an. Freude erfüllt Sie, wenn Sie mit sich sind, sich annehmen und sich durch die Zeit, die Sie sich geben, die Liebe zu sich selbst entwickelt. Denn Sie lösen Ihre tiefsten Einschnitte und Hemmungen auf und klettern Schritt für Schritt die Leiter empor in Richtung Wissen und Vervollkommnung.

Selbstzweifel herausfordern

Das muss ich Ihnen eindringlich sagen: Selbstzweifel sind ganz normal. Machen Sie sich keinen Kopf, wenn Sie sich nicht sicher sind, ob Sie etwas schaffen können, ob Sie gut ankommen werden oder ob das ausgearbeitete Projekt den allgemeinen Vorstellungen entspricht.

Selbstzweifel sind ein Mechanismus Ihres Ich, um gewappnet zu sein und seine Aufgabe gewissenhaft zu erledigen. Doch Selbstzweifel dürfen nicht so weit gehen, dass Sie den Hut drauf werfen. Sie sollen nicht bewirken, dass Sie in Panik ausbrechen. Nur so weit, dass Sie noch einmal kontrollieren, noch einmal durch den Entwurf gehen und so Ihre Bedenken durch Sicherheit zerstreuen.

Wenn man ausgeglichen denkt, dann denkt man nun einmal in alle Richtungen. Man bedenkt auch, was nicht klappen kann. Man denkt nicht einseitig und selbstsicher, man wäre der oder die Größte. Solch ein Denken verschließt die Augen vor möglichen Fehlerquellen.

Wie oft ist es Ihnen schon passiert, dass Sie etwa einen Text geschrieben haben und sich sicher waren, er passt auf Punkt und Beistrich. Ein längeres E-Mail zum Beispiel. Sie wollen schon auf Senden klicken und ringen sich doch durch, das Geschriebene noch einmal zu überfliegen. Und siehe da, Ihnen fällt ein besonders peinlicher Fehler auf, der beim Adressaten einen schlechten Eindruck hinterlassen hätte.

Selbstzweifel veranlassen uns, mit uns selbst genauer zu sein und unser Können zu überprüfen. Aber einschüchtern brauchen wir uns von ihnen nicht zu lassen. Denn Selbstzweifel entsprechen nicht unbedingt der Realität. Sie sind mit den Sorgen vergleichbar, die Ihnen Stirnfalten machen, aber nichts mit den tatsächlichen Umständen zu tun haben. Selbstzweifel sind beim Denken die Gegenrichtung zu unseren Träumen in der Nacht. Sie entstehen am Tag, und das ganz bewusst. Doch nehmen Sie Ihre Träume immer für bare Münze? Aus ihnen lässt sich aber dennoch unter Umständen etwas lesen, etwas über sich erfahren. Zur momentanen Befindlichkeit etwa. Nutzen Sie also Ihre Träume wie Ihre Selbstzweifel zur Überprüfung Ihres Status quo. Nehmen Sie sie ernst und dann versuchen Sie, diese Selbstzweifel zu vertreiben. Und das geht am besten durchs Machen!

Was Ihnen solchen Kummer bereitet, gehen Sie entschieden an. Besonders konzentriert und mit dem Ziel Unsicherheiten auszuschließen. Schalten Sie aus, was Ihrem Ziel im Weg stehen kann. Wenn Sie etwa eine Rede halten müssen und Selbstzweifel haben, ob Sie vor solch einem großen Auditorium überhaupt einen Pieps herausbringen, dann werfen Sie nicht alles hin. Üben Sie lieber Ihre Rede so lange, bis Sie keine Angst mehr haben müssen, plötzlich nicht mehr weiterzuwissen. Lassen Sie sie von Freunden überprüfen und üben Sie sie beim Spazierengehen am Fluss. Bereiten Sie sich vor, checken Sie alles durch, werden Sie fit in dem, was Sie tun, und dann werfen Sie sich hinein ins jetzt nicht mehr so kalte Wasser.

Sie haben nichts zu verlieren. Aber dafür Erfahrung zu gewinnen. Mit dem Angehen dieser gefürchteten Sache, mit jedem Schritt, der Erfolg bringt, mit jedem Problem, das Sie bewältigen, verwandeln sich die Selbstzweifel in Selbstsicherheit und innere Stärke.

Bewertungen sind Vorurteile, sind Verzerrungen der Wirklichkeit

Wir brauchen Einordnung. Damit wir das Leben besser überblicken. Damit wir Wichtiges von Unwichtigem trennen können. Auch, um keine Zeit mit etwas zu verschwenden, das für uns nicht zielführend ist. Wir wollen wissen, woran wir sind. Wir möchten nicht in die Falle tappen, uns auf etwas einzulassen, das im Endeffekt nicht das Richtige für uns ist. Daher stufen wir alles, was uns über den Weg läuft, ein.

Jede Person, die wir kennenlernen. Jede Begegnung, damit wir wissen, ob wir sie vertiefen wollen oder nicht. Jedes Angebot, das an uns herangetragen wird. Jedes Gasthaus, wenn wir auf der Sache nach einem guten Mittagessen sind, und jedes Urlaubsdomizil im Internet. In diesem Fall verlassen wir uns auf Bewertungen von anderen und bewerten selbst, ob diese Bewertungen allgemeine Aussagekraft haben oder nicht. Es liegt also in unserer Natur zu bewerten. Das hat schon ganz früh begonnen, als die Menschen draußen in der Wildnis ums Überleben kämpften und Gefahren einschätzen mussten. Und ob die Höhle für die kommenden Nächte sicher ist oder nicht. Daher klingt es zwar gut, wenn man etwa in Lebensratgebern schreibt: Bewerten Sie nicht! Doch das ist etwa so, wie wenn man sagen würde: Machen Sie beim Autofahren die Augen zu!

Bewertungen kann man nicht einfach ausschalten. Doch wir sehen sie oft als endgültig an und lassen einer anderen Sichtweise wenig Spielraum. Bewertungen bergen die Gefahr, uns auf ein Bild etwa eines Menschen oder seiner Handlungen zu versteifen, das nicht seine Ganzheit widerspiegelt.

Bewertungen helfen uns, uns zu orientieren, uns durchs Leben zu schlängeln und Entscheidungen zu treffen. Doch Bewertungen können eben auch falsch sein und uns Möglichkeiten von vornherein vermiesen, weil wir ihnen aus einer vorhergehenden Einstufung heraus ablehnend gegenüberstehen. Obwohl sie das vielleicht gar nicht verdient haben.

Wenn Sie etwa einen tollen Mann kennenlernen, der am Rande der Stadt mit Ihnen ein gemeinsames Leben aufbauen will. Sie lieben diesen Mann. Er hat ja auch alles, was für Sie zu einem Mann für die Ewigkeit dazugehört. Doch dieses Leben am Stadtrand haben Sie, die Sie es gewöhnt sind, im Zentrum zu wohnen, schon immer abgelehnt. Weil dort nichts los wäre und man ewig brauche, um in die Arbeit oder zu kulturellen Veranstaltungen zu fahren. Und diese Menschen, die dort in ihren Häusern leben, wären ja sowieso alle versnobt und kleinkariert. Schon werden Sie durch diese Bewertungen von Tag zu Tag unrunder und all die Liebe zu Ihrem Traummann wird von der Sorge vor einem schrecklich langweiligen Leben mit komischen Menschen aufgefressen.

Negative Bewertungen laut ausgesprochen, haben eine sehr starke Wirkung. Wenn der Chef beim Meeting eine Rede hält und auf eindringliche Weise seine Vorstellungen mitteilt, wird das jeder der Sitzungsteilnehmer für sich bewerten. In aller Stille und seinem Tagwerk weiter nachgehen. Doch wenn einer von den Kollegen danach, in Abwesenheit des Vorgesetzten, raunt, wie daneben er dessen Stil bei seiner Rede gefunden hat, wie autoritär und bevormundend dieser gewesen wäre, wird von ihm ein Gesamteindruck über die Veranstaltung gestülpt.

Obwohl die meisten vielleicht sogar meinen, es sei das Recht des Chefs, eine Richtung vorzugeben, und sie sogar froh sind, wenn er klar kommuniziert, wie er es haben will, bevor nachher die Verbesserungen losgehen, sogar dann wird der eine oder andere diesen fahlen Beigeschmack übernehmen. Und schon fängt sie an, die Unzufriedenheit. Zuerst mit dem Chef, dann mit den Arbeitsabläufen und dann mit den Kollegen, die ihren Job nach wie vor gerne machen. Weil sie der eigenen Sichtweise, der eigenen Unzufriedenheit widersprechen.

Was die Lösung zu den unterschiedlichen Philosophien – zu bewerten oder nicht zu bewerten – sein kann: Wir können zwar Bewertungen nicht gänzlich ausschalten, aber wir können die Bewertung bewerten. Unterziehen wir sie einer Überprüfung, dann sehen wir, ob sie standhält. Auch geht Erleben vor Bewerten. Dann wissen Sie wenigstens, wovon Sie reden, können es aus Ihrer Erfahrung weitergeben und für sich selbst und Ihre künftigen Pläne verwerten.

Durchschauen Sie sich

Das ist ähnlich der Selbsterkenntnis. Zu erkennen, was man will, was einem gefällt, was einen glücklich macht. Doch es geht noch um einen Takt weiter: Sich zu durchschauen soll zusätzlich Fehleinschätzungen aus dem Weg räumen. Denn manchmal verkennen wir die wahren Hintergründe unserer Wünsche und Bedürfnisse. Dann kennen wir uns nicht mehr aus, warum wir nicht ganz zufrieden sind, obwohl wir ja gerade drauf und dran sind, uns diesen Wunsch zu erfüllen. Das Glücksgefühl bleibt aus, obwohl wir genau das anstreben und machen, wovon wir überzeugt sind, dass es ist, was wir wollen.

Das kann daran liegen, dass wir eigene Bedürfnisse hin und wieder verwechseln. Zum Beispiel spazieren Sie einen Waldweg entlang. Sie machen das, weil Sie ja wissen, wie wohl Sie sich fühlen, wenn der Duft der Bäume und des Waldbodens in Ihre Nase steigt. Sie atmen durch, so tief es geht. Sie bewundern das Bild, wenn Lichtstrahlen wie Fingerzeige des Himmels durch die Bäume brechen und damit die Mystik des Waldes voll zu erkennen geben.

Doch diesmal gehen Sie den Waldweg entlang und das angestrebte Wohlempfinden stellt sich nicht in vollem Maße ein. Nicht wie beim letzten Mal, als es nicht lange dauerte, die Ruhe und Pracht des Ortes zu Ihrer eigenen Ruhe und innerer, gefühlter Pracht zu machen. Vielleicht liegt es diesmal daran, dass dreißig Meter vor Ihnen sich noch jemand auf dem Waldweg befindet. Einzelne oder gleich eine ganze Schulklasse. Lärmend und durcheinanderlaufend. Doch da gibt es nach kurzem Weg noch eine Abzweigung zu einem Wiesentrampelpfad. An diesem Punkt ergründen Sie Ihr Bedürfnis tiefergehend. Ist es der Waldweg an sich, die Bäume um Sie herum, das Klopfen der Spechte? Oder ist Ihr Bedürfnis, alleine vor sich hinzutrotten, auf niemanden achten zu müssen und Ihren Gedanken unbeeinflusst von anderen menschlichen Einflüssen und Schwingungen nachhängen zu können? Dann tut es der Wiesenweg auch. Weil Sie auf dem dann wirklich alleine sind. In diesem Moment. Und es das ist, was Sie gerade jetzt eben suchen. Es sind Feinheiten, aber diese zu erkennen, steigert Ihr Wohlbefinden.

Legen Sie das um auf Ihre Erfüllung im Beruf. Überprüfen Sie Ihre Wünsche. Ja, sie arbeiten in der Branche, die Sie immer schon angestrebt haben, aber Sie sind enttäuscht.

Überlegen Sie folgende Fragen:
Möchten Sie nicht alleine, sondern im Team arbeiten?
Verdienen Sie Ihren Vorstellungen entsprechend?
Möchten Sie eigentlich draußen unterwegs sein und nicht im Büro sitzen?
Oder haben Sie zu viele Kundenkontakte und gibt es Ihnen am

meisten, am Schreibtisch, am Computer tüfteln zu können, zu rechnen, zu organisieren?
Möchten Sie lieber an Weiterentwicklungen mitarbeiten, statt sich um das Bestehende zu kümmern?

Die Selbsterkenntnis, zu wissen, was man will, geht noch weiter: zu wissen, womit man sich betrügt, oder sagen wir es nicht so hart: zu wissen, worin man sich in der Erfüllung seiner Bedürfnisse irrt. Finden Sie das heraus, dann gelangen Sie immer weiter hinein, zum Kern des Glücks.

Machen Sie sich durchlässig für abwertende Kritik

Was empfinden Sie, wenn Sie Kritik erwarten? Löst das in Ihnen ein gutes Gefühl aus oder reagieren Sie mit Nervosität darauf? Das Wort Kritik ist wohl eher negativ behaftet. Denn eine positive Beurteilung nennen wir gemeinhin Lob. Sehen wir den Begriff Kritik daher vorerst neutral. Eine Wertung dieser Kritik ergibt sich daraus, wer sie auf welche Weise überbringt. Auch wenn sie negativen Inhalts ist, kann sie für Sie durchaus einen positiven Effekt haben.

Im Lauf unseres Lebens setzen wir viele Schritte. Manche schnell und entschlossen, manche mit Bedacht. Und oft halten wir inne und korrigieren dabei. So finden wir unseren eigenen Pfad, der vom Anfang bis zum Ende betrachtet eine einzigartige Route durchs Leben darstellt. Die Korrekturen stellen unsere Entwicklung dar. Nimmt man die nicht mit Sorgfalt vor, weicht man möglicherweise vom besseren Weg ab oder tritt auf der Stelle. Um sich zu entwickeln sind Hinweise und Anregungen, ja die Lehren von Menschen mit Erfahrung und der Fähigkeit zur empathischen Auseinandersetzung mit ihren Mitmenschen hilfreich und auch notwendig.

Erfahrungswerte von anderen zu nutzen, bringt einen selbst schneller und sicherer voran. Wenn sie mit den eigenen Vorstellungen und Lebensweisen zusammenpassen. Das betrifft alles, bis hin zur Beschäftigung mit den Themen unseres Seins. Das ist Kritik im positiven Sinn. Kritik, die zwar einen korrigierenden Inhalt hat, aber keinen Selbstzweck verfolgt, sondern nur das wohlmeinende Ziel Ihrer Weiterentwicklung hat. Sie soll Sie unterstützen und begleiten und ist wertschätzend gemeint. Nehmen Sie sie an von Menschen, denen Sie vertrauen.

Doch nicht immer ist Kritik so uneigennützig und hilfreich. Nicht immer kommt sie von Menschen, die Ihr Wohl im Fokus haben. Dann wird sie abwertend. Solche Kritik kann Sie in kürzester Zeit von voller Fahrt auf Schneckentempo herunterbremsen.

Ein lebendiges Leben erfordert Mut. Denn in einem lebendigen Leben bewegt sich nicht nur der Schaukelstuhl, in dem wir sitzen. Wir verlassen ihn und machen uns auf die Suche nach dem Besonderen im Leben und nach dem Besonderen, das wir dem Leben geben können. Mut erfordert es auch deshalb, weil wir, um das Besondere zu entdecken, neue Wege gehen, neue Dinge in unser Leben holen. Das ist Offenheit. Und wenn wir offen sind, sind wir angreifbar.

Haben wir etwa neue Ideen und präsentieren sie der Belegschaft oder unseren Kunden, könnten diese Ideen auf Missfallen stoßen. Bringen wir uns nicht ein, besteht diese Gefahr auch nicht. Doch wir unterbinden die Kreativität in uns. Das macht nicht glücklich. Doch ebensowenig macht abwertende Kritik glücklich, wenn sie von jemandem unberechtigt, uneingefordert und rein aus einer oberflächlichen und subjektiven Betrachtungsweise heraus ausgesprochen wird. Wenn Sie eben nicht, wie oben beschrieben, uneigennützig und wohlwollend ist.

Denn was bewirkt unberechtigte Kritik, die nicht helfen will, beim Kritisierten? Sein Weg wird geschmälert. Man wird kleiner gemacht, als man ist. Man fühlt sich nicht mehr so wohl wie noch vor einigen Sekunden. Man braucht schon ein außerordentliches Selbstvertrauen, um Kritik überhaupt nicht wahrzunehmen. Weil wir es ohnchin zu jedem Zeitpunkt so gut machen, wie wir können. Aus besten Absichten, Wissen, Gewissen und Zielen heraus. Weil wir glauben, dass es richtig ist.

Müssen Sie sich aber dennoch solche Art von Kritik gefallen lassen, wird Ihr Glückslevel nicht gerade in den Himmel steigen. Diese Kritik wird eher eine große Palette negativer Gefühle in Ihnen hervorrufen. Je nach Typ Selbstzweifel, Resignation, Kummer, Unzufriedenheit mit sich selbst, Ärger, Wut, Hass.

Aber Fehler sind relativ. Vielleicht ist wirklich einer passiert. Unbedacht gemacht und übersehen worden. Ok. Wird ausgebessert oder liebevoll hingenommen. Oft ist es aber Kritik am Tun, am begeisterten Schaffen eines anderen. Was ist dann das Ziel dieser Kritik? Sie löst jedenfalls kein Wohlbehagen aus – hat ja der Kritiker in diesem Fall auch nicht vor. Er freut sich, selbst bewundert zu werden. Für seine Scharfsichtigkeit. Und der Kritiker fühlt sich bestätigt, wenn der, den er kritisiert, von diesem Unbehagen eingenommen wird. Das Gefühl bekommt, ertappt worden zu sein.

Von seiner angepeilten Perfektion wird ein Stück abgeschnitten, was zusätzlich das Bild vom eigenen Werk trübt. Besonders weh tut es dem Kritisierten, wenn er über den Versuch, etwas von seinem Inneren preiszugeben, bloßgestellt wird. Der Kritiker übernimmt dann die Überzeugung, etwas sehr gut gemacht zu haben, perfekt zu sein. Er nimmt sie dem Kritisierten weg. Schmückt sich mit dessen Arbeit. Denn wenn der Kritisierte gar nicht geschaffen hätte, wofür er kritisiert wird, hätte der Kritiker auch nichts, woran er sich laben könnte.

Daher verstehe ich, dass viele Künstler ihre Werke gar nicht zeigen wollen. Sie machen sie für sich und wollen nicht zerpflücken lassen, was aus ihnen selbst herauskommt. Maler, die ihre Bilder im Keller lagern und niemals an die Öffentlichkeit bringen. Schriftsteller, Dichter, die Ihre Texte lieber vernichten würden, als sie allgemein zu präsentieren. Darunter befindet sich sicher viel Großartiges, Wertvolles, von dem wir niemals erfahren werden. Weil die Erschaffer nicht für ihr Eigenstes auf eine unreflektierte Art kritisiert werden wollen und sich nicht die Schwächen darin vorhalten lassen möchten, die vielleicht gar keine sind. Vieles ist nicht da, kritisiert zu werden. Es ist da, um zu sein. Um zu wirken. Ein Werk eines Menschen aus seinem Inneren heraus kann nicht so einfach bewertet werden. Genauso wie der Mensch selbst.

Sie wissen vielleicht, wie sich das anfühlt, wenn man ständig dafür kritisiert wird, wie man eben ist. Entweder steigt die Unsicherheit oder man ärgert sich darüber, warum man das eigentlich notwendig hat. Wenn ich mich ändere, dann, weil für mich die Zeit gekommen ist, ich es für richtig halte, nicht, weil es andere wollen. Der Mensch, wie persönliches Schaffen, kann nicht als gut oder schlecht gelten. Weil es seinen direkten Ursprung in der Seele des Erschaffers hat, steht es einem anderen Menschen nicht zu, ein Urteil darüber zu fällen.

Vielleicht sagen Sie, es gibt genug Werke, wo es besser ist, dass sie nie ans Licht der Öffentlichkeit gelangen. Andererseits geht auch viel verloren. Vieles, das Wert hätte und sogar unsere Gesellschaft weiterbringen würde und möglicherweise anderen Menschen etwas geben könnte. Und das erzeugt positive Energie.

Über die sozialen Netzwerke gibt es bereits mehr Kritiker als Erschaffer. Das erzeugt negative Energie. Es erzeugt Unsicherheit, es erzeugt Ärger, Hass. Doch auf der anderen Seite, was soll diese Kritik bewirken? Dass der Kritisierte es vielleicht beim nächsten Mal besser macht? Er macht es dann vielleicht so, wie es seine Kritiker wollen, wie es ins Schema passt. Aber nicht mehr authentisch und unbeeinflusst. Im Hinterkopf bleibt diese Kritik gespeichert und er würde seine Sachen, wenn auch unbewusst, im Hinblick auf diesen angeblichen Fehler, der für den Schaffenden gar kein Fehler wäre, erstellen. Nicht mehr so, wie er es eigentlich machen würde. „Diesen ‚Fehler' vermeide ich lieber, bevor ich mich wieder dieser Kritik aussetze."

Und tatsächlich: Eine Kritik wird Anhänger finden. Denn sich einer Meinung anzuschließen, die noch dazu sehr belehrend ist, ist nun mal einfacher, als sich ein profundes Bild davon zu machen, um eine eigene Meinung glaubhaft zu vertreten. Daher werden die

Kritiker mehr. Wenn man nicht das Glück hat, gleichzeitig auch Teil einer wohlmeinenden Meinungsspirale zu sein, ist man somit bereits von einem immer größer werdenden Kreis verurteilt.

Versuchen wir, andere nicht abzuwerten, denn das ist ein Schritt, durch den die Gesellschaft zusammenwächst. Durch den wir zulassen, statt abzulehnen. Ein Schritt zu einer offeneren Gemeinschaft, mit mehr Lachen, mehr Vertrauen zueinander und Toleranz. Man muss sein Wesen nicht infrage stellen lassen.

Doch wie geht man mit abwertender Kritik um? Ich glaube, Widerstand erzeugt nur Bestätigung und Freude an der Reibung beim Kritiker. Machen Sie sich durchlässig für Kritik. Lächeln Sie darüber. Sie kennen Ihre Beweggründe und Überlegungen, warum Sie etwas so machten wie Sie es machten. Sie wissen auch, dass in jedem Menschen eine Entwicklung stattfindet, die nicht übersprungen und nicht ausgelassen werden kann. Wenn Sie also selbst den Kopf schütteln über Werke von vor zwanzig Jahren, dann war das aber damals genau passend zu Ihrem Entwicklungsstand. Kinder können auch nicht in perfekter Schönschreibschrift seitenweise Poesie zu Papier bringen, wenn sie vorher nicht die Buchstaben des ABC gelernt haben und sie auf krakelige Weise zu groß und zu klein aufmalen. Wieder und wieder.

Als ich begann, Nachrichtensendungen zu moderieren habe ich uneingeforderte Kritik in jede Richtung bekommen: Ich würde zu langsam sprechen und zu schnell, ich wäre zu ernst und dann wieder zu fröhlich, ich sollte souveräner wirken und dann doch wieder lockerer. Ich war verunsichert. Erst als ich mich durchlässig für diese Meinungen Einzelner gemacht habe und mich vor der Kamera einfach wohl fühlen und es nach meinen Vorstellungen durchziehen wollte, hat es auch richtig gut geklappt.

Lassen Sie Ihre Entwicklung nicht beeinflussen, wenn diese Beeinflussung nicht wohlwollend gemeint ist. Sie können sich gutgemeinte Tipps geben lassen, sich lehren lassen von Menschen, denen Sie vertrauen. Doch Sie müssen sich und Ihr Schaffen nicht schlechtreden lassen. Bleiben Sie sich treu. Lassen Sie sich nicht einschüchtern. Lassen Sie die verletzende, unangebrachte Kritik einfach durch sich hindurchgehen und hinter sich an einer Wand zerschellen. Als wäre Ihr Körper immateriell und ohne Widerstand. Ob Sie mit Ihren Angelegenheiten erfolgreich sind oder nicht, wird sich ohnehin zeigen. Aber egal, wie sich das entwickelt, wenn Sie stolz sind auf das Erreichte, kann es schon nur richtig sein.

Verlassen Sie Ihr gewohntes Leiden

Wir Menschen können uns an alles gewöhnen. Sogar an das Schlechte. Also sogar an Lebensphasen, die wir so eigentlich gar nicht wollten und in denen wir uns eigentlich gar nicht wohl fühlen. In der Arbeit ist das so, wenn Sie einen Job, den Sie als Zwischenlösung ansahen, weil Sie ja eigentlich etwas anderes im Sinn hatten, dann doch jahrelang durchziehen. Auch in Partnerschaften kann es so sein. Sie halten die respektlose Art miteinander umzugehen aus, ohne neu aufeinander zuzugehen, um die gegenseitige Liebe wiederzufinden.

Und auch wenn Sie Single sind und sich nach einem Partner sehnen, verhindern Sie möglicherweise unbewusst den großen Schritt vom Alleinsein zur Zweisamkeit. Obwohl Sie die Einsamkeit hassen. Doch auch diese Lebensänderung auf eine Partnerschaft, so gewinnbringend sie gefühlsmäßig sein kann, ist eine Umstellung der gewohnten Lebensweise. Auch ein Risiko. Da schlägt wieder einmal das Unterbewusstsein zu, das sich so gar nicht von Eingelerntem trennen will. Es will daher nicht einmal das gewohnte Leiden verlassen. Und es kann sich anfangs tatsächlich seltsam anfühlen, wenn man nach langer Zeit mit sich selbst plötzlich wieder auf jemanden Rücksicht nehmen muss.

Stellen Sie sich vor, nach sagen wir fünf Jahren Singleleben. Ihre Wohnung ist auf Ihre Bedürfnisse ausgerichtet. Ihr Terminkalender zeigt mindestens drei Mal die Woche fixe Termine an, auf die Sie absolut nicht mehr verzichten wollen. Sie treffen regelmäßig Freundinnen und Freunde. Haben mit ihnen ein geschwisterähnliches Verhältnis. Sie richten sich gegenseitig auf und können einander vertrauen. Sie konzentrieren sich auf Ihre Karriere und müssen kein schlechtes Gewissen haben, wenn die Arbeit am Abend mal später wird oder Sie sie ins Wochenende hineinnehmen. Und wenn Sie Ihre Auszeit brauchen, die Stunden zur Entspannung, gönnen Sie sie sich, ohne von einem unternehmungslustigen Partner aus dem Haus gescheucht zu werden. Aber Menschen sind nicht für ein Leben alleine geschaffen. Nicht auf Dauer. Doch um all diese Dinge in der obigen Aufzählung fürchten Sie.

Und diese Angst äußert sich, wenn Sie an eine Beziehung denken, im komplexen Zusammenspiel zwischen Bewusstsein (ich will) und Unterbewusstsein (nur nichts Neues), nicht in der Erkenntnis, zu zweit wäre es besser. Sie äußert sich in gefühlt chaotischen Zuständen. Man denkt, das wird einem zu viel. Man hätte keine Zeit mehr für sich. Das ganze Leben würde völlig in Unordnung kommen. Druck baut sich auf.

Wenn Sie sich doch in eine Beziehung hineingewagt haben, beginnen Sie in den ersten Monaten schon zu zweifeln, ob der neue Partner auch wirklich der richtige ist. Obwohl Sie anfangs so von ihm geschwärmt haben. Sie versuchen sich zwischendurch wieder mehr Freiräume zu schaffen. Gerade in der Anfangsphase versuchen Sie damit, Ihr Chaosempfinden zu mildern. Und diese Panik bekommt ihr Partner zu spüren. So vermitteln Sie ihm womöglich, in der Beziehung unzufrieden zu sein.

Dem Partner würde ich dann raten, diese Freiräume zuzulassen. Sie gehören oft zur Entwicklung des gegenseitigen Vertrauens. Es kann aber auch passieren, dass dadurch gerade in den ersten Monaten, wenn die Verliebtheit noch groß ist, erste ungewollte und besonders tiefgreifende Unstimmigkeiten in der Beziehung auftauchen. Gerade in dieser Phase! Warum? Wenn Sie erkennen, dass Ihre eigene Unsicherheit – hervorgerufen durch leidvolle Erfahrungen in früheren Beziehungen oder durch Prägungen in der Kindheit, die es Ihnen schwermachen, sich auf die neue Liebe einzulassen –

diese Unstimmigkeiten hervorruft, dann lernen Sie auch, die Fehler nicht beim Partner zu suchen.

Überwinden Sie diese Zeit der Umstellung und schaffen Sie es, sich trotzdem auf das neue Leben zu zweit einzupendeln, haben Sie Ihr Unterbewusstsein überzeugt. Es hat sich nach und nach mit der neuen Lebensweise angefreundet. Doch das kann einige Zeit dauern. Gelingt das nicht, gewinnt das Unterbewusstsein und freut sich, es sich wieder in der Hängematte der alten Gewohnheiten gemütlich machen zu können. Auch wenn dort durch das unerfüllte Bedürfnis nach einem Partner ein rauer Wind weht. Das Unterbewusstsein kennt sich damit wenigstens aus.

Genauso, wie es sich mit der gewohnten Arbeit auskennt. Wo es jede Änderung verweigert, obwohl Sie schon lange keinen Ansporn mehr haben, sich dort weiterzuentwickeln. Und natürlich kennt es sich in der langjährigen Partnerschaft aus, in der Sie eigentlich schon lange mal tiefe Gespräche führen sollten, um aus einem eingefahrenen und quälenden Umgang miteinander endlich einen Weg zur Rückbesinnung auf die frühere gegenseitige Anziehung und Liebe zu finden. Und das ist immer möglich, wenn man verzeiht und bedingungslos liebt. Lieben Sie, anstatt zu fordern! Auch der Wechsel zum Glück muss erst durch Ausdauer und Konsequenz bestätigt und gefestigt werden.

Loslassen

Das Vertraute schafft in uns ein wohliges Gefühl. Es ist eine besondere Wärme, die sich im ganzen Körper ausbreitet, wenn wir von der kühlen Hektik des Alltags – die oft so unerwartet und nicht planbar auf uns eindringt, die uns abverlangt, schnell und ohne Vergleichsmöglichkeit Entscheidungen zu fällen –, wenn wir von dieser Hektik übergehen in das uns Vertraute und Geliebte. Daher ist es wichtig, sich dieses Vertraute zu bewahren und möglichst oft zu suchen. Es dient als Ruheplatz mit Schirmchencocktail auf einer sonnigen Insel, während draußen das Meer Wellen schlägt.

Doch was, wenn dieser Ruheplatz, der für ein zärtliches Miteinander steht, in dem sich zwei Menschen unterstützen, sich zum Lachen bringen und die gemeinsame Zeit in vollen Zügen genießen, nicht mehr der sichere Ort ist, an dem man sich so lange ohne Nachdenken hat fallen lassen können? Was, wenn er mittlerweile wie eine Fata Morgana sich immer weiter entfernt, auch wenn man beharrlichen Schrittes darauf zugeht? Was, wenn er keinen Schutz mehr bietet vor den Wellen und sie die ganze Insel überschwemmen?

Wie lange beharren Sie darauf, dass dieser Platz Ihrer ist? Werden Sie versuchen, Ihren ehemaligen Wohlfühlort immer wieder in den ursprünglichen Zustand zu versetzen, obwohl die Hängematte zerrissen ist und kalter Wind den Platz unwirtlich macht?

Wenn Sie also auf geänderte Umstände flexibel reagieren, wenn Sie etwas die Bedeutung nehmen und in Ihrem Leben keine Rolle mehr spielen lassen, weil es nicht mehr die Sicherheit von früher gibt, ist das gleichbedeutend mit dem heute viel diskutierten Loslassen.

Dieses Loslassen kann oft ungemein erleichternd sein. Wenn Ihnen etwa das fortwährende Nicht-wahrhaben-Wollen des Endes einer Beziehung nur noch all Ihre Energie raubt. Aber auch, wenn Sie in Ihrer Firma unglücklich sind. Und auch, wenn Sie einen Menschen um sich haben, den Sie immer schätzten, Ihre Ansichten und Lebensweisen aber so auseinandergedriftet sind, dass es Ihnen keinen Spaß mehr macht, ihn zu treffen. Wenn Sie einer Immobilie oder einem anderen Besitz verhaftet sind, der Ihr Leben aber nur noch kostspielig oder umständlich macht. Wenn Sie mit eigenen Gewohnheiten nicht glücklich sind. Oder aber auch, wenn Sie unbedingt etwas für Ihr Leben wollen, es aber für Sie trotz Einsatzes aller Mittel nicht erreichbar ist. All diese Situationen und viele andere, die ich jetzt nicht aufgezählt habe – wenn Sie Ihnen nicht guttun, machen Sie sich frei davon!

Doch wird es heute oft zu schnell beschworen – lass einfach los! Wenn Bekannte, Freunde und Verwandte leichtfertig raten: „Verlass ihn!“, „Tu dir das nicht an!“, „Hör auf damit!“

Loslassen ist eine große Entscheidung, weil sie endgültig sein muss. Oder in wirklich wenigen Ausnahmefällen dieses Losgelassene so lange verbannt werden sollte, bis es vielleicht doch wieder ins Leben passt. Ich sage aber in wenigen Ausnahmefällen, weil aus dem Abstand Losgelassenes unter Umständen wieder erstrebenswert erscheint. Doch es hatte seinen Grund, warum Sie es aus Ihrem Leben entfernt haben. Nehmen Sie es aus treuherzigen oder nostalgischen Gründen wieder hinein, ist die Wahrscheinlichkeit hoch, dass es nach einiger Zeit wieder an Ihrem Energiepegel nagt. Diese Endgültigkeit brauchen Sie auch vor sich selbst. Denn wenn Sie sich immer wieder vornehmen, etwas aus Ihrem Leben zu entfernen, es aber dann doch auf halbem Weg wieder zurücknehmen, werden Sie sich selbst diese Entscheidungen nicht mehr glauben. Das Loslassen verliert seine Wirkung.

Daher machen Sie sich das Loslassen nicht leicht. Es bringt nichts, wenn Sie eigentlich gar nicht bereit dazu sind. Wenn es aus einer Trotzreaktion heraus geschieht, stehen Sie vor dem Dilemma, sich untreu werden zu müssen, weil Sie Ihre Entscheidung revidieren müssen. Damit hat sich dann nichts geändert und Sie fühlen sich erst recht ausgeliefert und hilflos. Wenn Sie Ihren Partner vor die Tür setzen und ihm sagen, sie wollten ihn nie wieder sehen, dann ist das eine starke Handlung, die beide erst verkraften müssen, gerade, wenn Sie es gar nicht so meinen. Genauso, wenn Sie bei jedem Streit mit dem Ende der Beziehung drohen. Haben Sie das auch nur aus reinem Ärger gesagt, bleibt es trotzdem hängen. Sie werden sich wieder versöhnen, aber mit dem schwelenden Gefühl von Instabilität.

Machen Sie das Loslassen zu Ihrer ganz persönlichen Entscheidung!

Nur Sie kennen jeden einzelnen Aspekt dieser, Ihrer ganz eigenen Lebenssituation. Wenn es um einen Partner geht, haben nur

Sie diese ganz intimen Gespräche mit ihm geführt. Nur Sie können spüren und beurteilen, wie nahe sich Ihre Gefühlswelt und die Ihres Partners sind. Kein Ratschlag „Ach, vergiss ihn/sie doch!" kann Ihnen Ihre Entscheidung abnehmen. Denn diese Ratschläge sind von außen schnell gegeben.

Wenn Sie mit einer Freundin oder einem besten Freund eine welkende Liebe besprechen, werden die Ratschläge immer ein striktes Vorgehen fordern. Die Menschen, die man zwar braucht, um sich ausreden zu können und die Dinge für sich auf eine gewisse Weise ordnen zu können, machen sich letztendlich ein Bild, das aus deren eigenen Erfahrungen gespeist ist. Und sie raten aus Vernunftgründen zu einem Ende, um Ihr Leiden zu beenden.

Sie selbst sind dann hin- und hergerissen zwischen den eigenen Hoffnungen und den einseitig beurteilenden Ansichten der besten Freunde. Diese Gespräche mit Freunden oder Familienmitgliedern wiegeln einen oft richtig auf, sodass man sich gezwungen fühlt, jetzt sofort eine Entscheidung zu fällen und die Sache klar zu machen. Solche Entscheidungen wird man aber meist sehr bald bereuen, weil man die äußere, vielleicht oberflächliche Sichtweise eines anderen übernommen hat. Und ob die Ratgeber selbst so strikt handeln, wenn sie in einer ähnlichen Situation sind, wage ich zu bezweifeln. Ob also Ihre Partnerschaft noch die Chance hat, wieder volle Liebe und Zärtlichkeit zu entwickeln, liegt in Ihrer Einschätzung. In Ihrer Intuition.

Das macht die Entscheidung, ob es tatsächlich so weit ist, ihn oder sie gehen zu lassen, nicht einfacher. Man lässt sich in solchen Phasen nur zu gern von einzelnen lieben Worten locken. Finden Sie daher zuallererst zu Ihrer eigenen klaren Sicht. Da diese gerade in solchen Situation sehr schnell und daher sehr oft wechselt, lassen Sie sich Zeit und setzen Sie nicht nach jedem plötzlichen Einfall, nach jeder Gefühlsregung auch gleich Handlungen.

Wenn Sie sich nicht sicher sind, was Sie tun sollen, und nicht zu sehr darunter leiden, dann sei Ihnen eines gesagt: Sie müssen auch nicht entscheiden. Lassen Sie es kommen, wie es kommen soll, bevor Sie eine halbherzige Entscheidung treffen. Aber dann lassen Sie es laufen, ohne eine Entscheidung in die andere, die eigentlich gewünschte Richtung herbeizwingen zu wollen. Ohne Erwartungen, ohne dem anderen hinterherzulaufen und ohne jede Minute auf einen Anruf zu warten.

Leben Sie Ihr Leben und vertrauen Sie dem Rhythmus des Lebens diese Sache an. Wenn Sie an einen Gott glauben, geben Sie Ihr Problem in seine Hände und sagen Sie: „Bitte, regle das für mich." Dann überlassen Sie ihm die Arbeit und kümmern sich nicht mehr groß darum. Auch das ist in Wahrheit ein Loslassen. Ein Loslassen von der Vorstellung, jetzt sofort etwas erzwingen zu müssen. Ein Lockerlassen, um durch ausgeübten Zwang die natürliche Entwicklung nicht zu behindern.

Wann Loslassen wirklich gut überdacht werden sollte, ist, wenn es um eine langjährige Beziehung geht. In der man sich gegenseitig schon bewiesen hat, dass man sich ganz nahe sein kann, sich vertraut und an einem Strang zieht. Eine Beziehung, in der es vielleicht auch Kinder gibt.

Ja, sich zu lösen kann Befreiung bedeuten. Aber in solch einem Fall heißt es auch einen wichtigen Teil seines Lebens für immer hinter sich zu lassen.

Wägen Sie hier lieber zuerst ab:

Haben Sie noch positive Gefühle für den anderen?
Was hat der Partner, auf das Sie nicht verzichten können?
Was lieben Sie an ihm?
Was löste das Zerwürfnis aus? Können Sie sich verzeihen, bevor Sie sich gegenseitig zerstören?
Können Sie sich wieder aufeinander einlassen – und was bedeutet das für Sie?

Es hat ja schon einmal funktioniert. Liebe zu einem Menschen, mit dem man stark verbunden ist, kann nicht gänzlich verschwinden. Sie wird oft von Vorstellungen, wie der andere zu sein hat, zugedeckt. Diese Unzufriedenheit wird wie ein Tischtennisball hin- und hergespielt, bis nur noch Hass da ist, weil keiner so sein darf, wie er ist.

Eine Beziehung, die einmal von starker Zuneigung und Respekt geprägt war, die zärtlich, verspielt und mit Träumen und Hoffnungen gefüllt war, hat immer die Chance auf ein Wiederaufleben. Es müssen nur wirklich beide mitmachen, mit hundert Prozent dabei sein und bereit sein, den jeweils anderen Menschen wieder mit dem Herzen zu betrachten. Es zahlt sich aus.

Loslassen bedeutet Abschied nehmen

Wenn Sie aber doch denken, dass loszulassen der richtige Weg ist, um wieder befreiter leben zu können, wenn Sie Ihr Leben von einem ganz dicken Klotz befreien möchten, dann bedeutet das auch ganz klar Abschied zu nehmen.

Wenn ein geliebter Mensch stirbt, *müssen* wir Abschied nehmen. Uns bleibt keine andere Wahl. Es gibt hier keinen Abschied auf Zeit. Dabei hilft das Ritual des Abschiednehmens in Form einer Beerdigung, einer Seelenmesse. Diese Situation ist schwer zu verkraften. Noch schwerer, als wenn Sie sich aktiv von jemandem lösen müssen, der Ihnen keine Freude mehr schenkt oder sich auf Sie eigentlich gar nicht mehr voll einlassen will. Trauern wir über einen Menschen, der von uns gegangen ist, wollten wir ja nie, dass er geht. Und doch können wir diesen Schmerz überwinden und nach einiger Zeit umwandeln in die schönen Erinnerungen mit diesem Menschen.

Ganz anders ist das bei einer einseitigen Liebe. Kaum etwas tut so weh wie unerwiderte Gefühle. Und dieses Wehtun wird lange anhalten, wenn wir, statt uns zu lösen, mit dem Partner einer unglücklichen oder gar bereits gescheiterten Beziehung immer noch eine Verbindung halten, an die meist noch ein dickes Band von Hoffnungen geschnürt ist. Dann wird aus dem Loslassen ein oft jahrelanger Prozess, der nur Schmerz und Demütigung bringt.

Nicht aber, wenn Sie aus Überzeugung den entscheidenden Schritt setzen, der Sie von all dem befreit.

Sollten Sie diese Erfahrung noch nicht auf diese intensive Art und Weise gemacht haben: Ich kann Ihnen sagen, es ist großartig, wie leicht das Leben wieder wird, wenn Sie sich vom Hoffnungslosen verabschieden. Es geht Ihnen schlagartig besser und schon nach einer Woche oder spätestens drei leben Sie ein neues Leben. Wenn Sie diese Belastung, der Sie 90 Prozent Ihrer Gedanken gewidmet haben, loswerden und all diese verschwendete Energie Neuem zuwenden. Machen Sie das nicht, stecken Sie in einer Warteschleife. Die vergebliche Sehnsucht nach Liebe nur von dem oder der einen blockiert alles andere. Sie hält schöne Erlebnisse und die Zuneigung anderer auf Abstand. Treten Sie aus dieser Warteschlange, springt das frische Leben förmlich auf Sie zu. Es entfaltet sich in seiner ganzen Pracht, breitet sich vor Ihnen aus, als hätte es nur gewartet darauf, dass Sie endlich wieder mit von der Partie sind!

Lassen Sie also, was Ihnen nicht guttut, „sterben". Es passt nicht in Ihr Leben. Und es verhindert Tage auf der Blumenwiese, wo bunte Schmetterlinge um Sie herumschwirren. Stattdessen fristen Sie Ihr Dasein in einem alten, dunklen Wald mit morschem Geäst.

Letztlich geht es auch beim Loslassen um das Annehmen des Lebens und einzelner Schicksalsschläge, die man nicht ändern kann. Statt sich dem Gedanken und dringenden Wunsch zu verhaften, etwas zu bekommen, das unmöglich ist, ist es an der Zeit, sich von solchen Wünschen und Vorstellungen zu lösen und sein Leben so anzunehmen, wie es ist. Und das Schönste für sich daraus zu machen.

Und seien Sie sich bewusst: Was Sie aus Ihrem Leben verabschieden war dennoch nicht sinnlos. Aus jeder noch so zermürbenden Erfahrung lernen Sie für Ihre eigene Entwicklung.

Sagen Sie sich also: Es ist genug! Ein bestimmter Mensch hat Ihr Leben jetzt schon zu lange beeinträchtigt. Es ist keine Weiterentwicklung spürbar, Sie sind sich sicher, dass keine Freundschaft möglich ist, ohne dass Sie immer wieder in den gleichen Strudel der unerfüllten Hoffnungen geraten. Sie wollen den Partner endlich ernsthaft ziehen lassen. Dann machen Sie das ganz bewusst. Wenn es nicht ohnehin schon so ist, dass kein Kontakt mehr zustande käme, wenn Sie sich nicht melden, dann sagen oder schreiben Sie es dieser Person.

Eine überlegte, ausformulierte Nachricht, in der Sie diesem Menschen noch einmal mitteilen, warum Sie so entschieden haben. Ohne Anschuldigungen oder Bedauern. In diesem Schreiben sollten Sie einzig vermitteln, warum Sie der Meinung sind, durch diesen Schritt für sich, für Ihr Wohlergehen das Richtige zu tun. Dieses Schreiben soll keine versteckten Botschaften enthalten, die suggerieren: Komm zu mir zurück! Es soll kein Mitleid erwecken und nicht diese Person oder andere für das Scheitern verantwortlich machen. Es soll ehrlich sein. Und wenn Sie ehrlich zu sich sind, dann war dieser Schritt schon lange fällig, damit es Ihnen wieder gutgeht. Damit Sie endlich in Ruhe wieder zu sich finden können.

Diesem Schreiben sollen keine weiteren mehr folgen. Auch wenn Fragen von dem Losgelassenen kommen. Auch wenn der, der so lange mit Ihren Gefühlen gespielt hat, Sie plötzlich als seinen Spielball wieder zurückhaben will. Denn gerade die, die sich nicht voll für einen Menschen entscheiden können, sich alle Möglichkeiten offen halten wollen oder immer wieder wiederholen, nicht bereit für eine Beziehung zu sein, sind es oft, die selbst nicht loslassen können und sich Selbstbestätigung aus dem reinen Zugeständnis, geliebt zu werden, holen.

Dieses Schreiben signalisiert den Punkt, an dem es keine Wende, keinen Neubeginn des ständigen Hin und Her gibt. Es signalisiert das selbst gewählte Ende Ihres Leidens. Und Sie alleine haben sich dafür entschieden. Eine starke Tat.

Nach diesem Schreiben löschen Sie die Kontaktdaten. Zelebrieren Sie es. Entfernen Sie alles, was Sie an diese Person erinnern könnte. Was Sie wieder hineinzieht in die Sehnsucht nach ihr. Es wäre nicht schlecht, aber sie müssen nicht alle Fotos löschen – spielen Sie sie aber vom Handy auf den Computer und hier in einen Ordner, über den Sie nicht jeden Tag stolpern. Und bitte, lassen Sie kein Bild irgendwo an der Wand hängen oder auf dem Schreibtisch stehen!

Lassen Sie sich, wenn Sie das Gefühl haben, es wäre hilfreich, noch ein weiteres Ritual einfallen, bei dem Sie spüren, dass Sie es ernst meinen, mit diesem zähen Kapitel Ihres Lebens abzuschließen. Vernichten Sie die CD mit ihrem gemeinsamen Lied, entfernen Sie seine gespeicherte Adresse aus dem Navi, stornieren Sie sein Zeitungsabo oder was Ihnen sonst noch dazu einfällt. Und beginnen Sie mit der Planung Ihrer Freizeit, ohne auf etwas anderes Rücksicht zu nehmen als auf sich selbst.

Beim Thema Loslassen denkt man oft zuerst an gescheiterte Beziehungen. Aber auch von lästigen Gewohnheiten können Sie sich über Rituale verabschieden. Das feierliche Zerbrechen der letzten Zigarette ist so ein Ritual. Aber ungemein wichtig, um auch dem Unterbewusstsein das Signal der Endgültigkeit zu geben.

Auf Loslassen folgt Einlassen

Verluste, auch wenn Sie beabsichtigt herbeigeführt werden, weil sie im Endeffekt einen Gewinn für das Leben bedeuten, hinterlassen erstmal eine Lücke, um nicht zu sagen eine Leere. Schließlich entfernen Sie etwas aus Ihrem Leben, das unter Umständen bisher den Großteil Ihres Denkens und Handelns in Anspruch genommen hat. Diese Leere soll nun wieder gefüllt werden.

Da wir Gewohnheiten lieben, weil sich der Körper, der Geist, das Unbewusste damit gut auskennen, fällt uns das zu Beginn nicht leicht. Es bedeutet Überwindung, weil unsere Gedanken in Verbindung mit starken emotionalen Empfindungen immer dahin zurückkehren, wo wir glücklich waren. Oder sogar, wo wir eigentlich nicht mehr glücklich waren. Aber wir waren in einer Lebenssituation, mit der wir vertraut waren. Es erfordert trotz des bewussten Abschieds viel Stärke und Selbstreflexion, um nicht aus Gewohnheit wieder zurückzufallen. Wir wiederholen sehr gerne unsere Fehler viele Male, statt uns von Bekanntem zu entfernen und neue Wege auszuprobieren. Es dauert nun einmal einige Zeit, sich in neuen Gegebenheiten zurechtzufinden, auszukennen, wohl zu fühlen. Man durchschreitet so gut wie immer einen nebeligen Sumpf, bevor man die Partyinsel voller Spaß und Freude erreicht.

Daher geben Sie sich Zeit dafür und tasten Sie sich voran.

Was bringt Sie auf andere Gedanken?
Wo können Sie eintauchen?
Was wollten Sie immer schon erleben?
Worauf können Sie sich jetzt einlassen, da Sie sich richtig frei fühlen?

Und auch wenn Sie jetzt eine Zeit lang genug haben von den Gefühlswirren von Beziehungen, freuen Sie sich auf einen Menschen, der in Ihnen wieder Liebe auslöst. Der Ihnen Kraft gibt, weil er die bisherigen Kapitel Ihrer Liebeserfahrungen umschreibt.

Denn darum geht es: Wenn Sie loslassen, können Sie sich auch wieder auf etwas einlassen! Nach vorne schauen und neugierig auf neue Erfahrungen sein. Die Dinge wieder in Ihr Leben holen, die Ihnen Berge geben, die Sie aber vernachlässigt haben. Es gibt so vieles, was dem Leben richtig Sinn gibt. Auch wieder ein neuer Partner. Was Sie verabschiedeten war nur ein ganz kleiner Teil zum vermeintlichen Glück. Auch wenn es ein Teil von Ihnen selbst war.

Die höhere Macht

Viele Menschen nutzen seit Jahrtausenden eine Methode, die ihnen innere Ruhe und Sicherheit verschafft: den Glauben an eine höhere Macht.

Ein Gebet hat meditative Wirkung und die Gewissheit von Gläubigen, beschützt zu werden, stärkt das Selbstvertrauen.

Woran man dabei glaubt, ob an einen Gott, an ein universelles Gefüge mit Schöpfungskraft, hilfreiche Engel oder etwas ganz anderes, ist eine sehr persönliche Angelegenheit. Doch der Glaube selbst ist die älteste Methode zur inneren Stärkung, die es gibt. Und eine der wirksamsten. Daher, wenn Sie gläubig sind, nehmen Sie Verbindung zu Ihrem Gott auf. Sie spüren die sich ausbreitende Wärme sofort, wenn Sie daran denken, ja sich sicher sind, dass da ein höheres Wesen ist, das Ihnen hilft. Dass Sie mit dieser göttlichen Macht eng verbunden sind und sie für Sie da ist.

Das kann Ihnen das Gefühl verleihen, dass da jemand ist, der Sie liebt, wie Sie sind. Das ist besonders wertvoll, wenn gerade niemand da ist, bei dem Sie sich aussprechen können. Denn diesen Trost können Sie jederzeit zu sich holen. Das wirkt beruhigend und befreiend. Dieser Moment kann in Ihnen auslösen, sich nicht mehr alleine zu fühlen. Sie empfinden es, als würden Sie Hilfe von höchster und kraftvollster Stelle erhalten – Sie persönlich. Das ist es auch, warum sich der Glaube an etwas, das man eigentlich nicht sehen kann und für das es keine handfesten Beweise gibt, trotzdem schon unsere gesamte Menschheitsgeschichte hält.

Er gibt Ihnen die Kraft, um Missgeschicke und Schicksalsschläge eher zu akzeptieren. Gleichzeitig schöpfen Sie womöglich gerade daraus die Kraft, weiterzumachen und nicht aufzugeben.

Daher, auch wenn es vielleicht für Sie vernunftmäßig nicht zu erfassen ist und Sie so fest mit beiden Beinen auf der Erde stehen, suchen Sie sich, holen Sie aus sich heraus einen, der Ihnen als Anker in der Not dient. Mit dem Sie sprechen können und an den Sie Ihre Bitten richten.

Es geht nicht um moralisierenden Glauben, es geht nicht um eine unterwürfige Haltung irgendwas oder irgendwem gegenüber. Es geht um die bewusste Nutzung einer Methode, die schon so lange und auch heute noch solch einen Erfolg hat, weil Sie Ihnen selbst, Ihrem Innersten bis ganz hinauf zu Ihrem Bewusstsein, Hoffnung und Zuversicht, Freude und Anerkennung des Seins geben kann. Das ist der große Bruder, bei dem man sich darauf verlassen kann, dass er einem beisteht, wenn man in eine brenzlige Lage kommt.

Immer mehr Menschen wenden sich dieser Methode, Kraft zu schöpfen, in unserer Zeit wieder zu. Nicht unbedingt einem einzigen Gott oder einer Kirche, die Schuld und Sühne predigt. Doch Transzendenz in ganz allgemeiner Form wird wieder wichtiger. Also der Glaube an eine geistige Existenz jenseits unserer möglichen menschlichen Erfahrungen. Was auch immer diese Existenz sein mag, für uns ist wichtig, dass der Glaube daran uns eine schwierige Lebensphase erleichtern kann und wir sie dadurch hoffnungsvoller durchschreiten.

Ihre Einstellung prägt Ihr Leben

Die drei Phasen für ein erfülltes Leben

Im zweiten Teil dieses Buches möchte ich Ihnen zeigen, wie wichtig es für Sie und Ihr Wohlbefinden sein kann, wenn Sie einzelne Bereiche Ihres Lebens durchdenken und gegebenenfalls einen neuen Zugang dazu finden. Denn viele innere Unstimmigkeiten entstehen etwa durch das Ablehnen von vorhandenen Lebensumständen. Oder durch in Ihr Leben eintretende Gegebenheiten. Diese kann man auf unterschiedliche Weise betrachten und in sein Leben aufnehmen. Angenehm sind sie, wenn wir sie begrüßen und sie integrieren. Unangenehm sind sie, wenn wir Widerstand dagegen aufbauen. Es ist so gut wie immer eine Einstellungssache. Sie können entscheiden, wie Sie damit umgehen.

Das betrifft in hohem Maße die Arbeitswelt. Sie ist ein gewaltiger Part in unserem Leben. Aber nicht nur, weil wir damit unsere Lebensführung finanziell sichern. Nein, der Mensch braucht Beschäftigung, er will tätig sein und etwas schaffen. Doch arbeiten alleine, stur jeden Tag dasselbe tun, wird uns auf Dauer nicht ausfüllen. Und nur noch zu arbeiten, jeden Tag, ohne Unterlass, wird jede befriedigende Tätigkeit in eine Qual verwandeln.

Das Bedürfnis zu arbeiten, etwas auf die Beine zu stellen, nimmt wie vieles in der heutigen Zeit immer extremere Ausmaße an. Für viele Menschen gibt es nur noch die täglichen Pflichten im Beruf. Vergessen Sie nicht, dass wir bei allem, sei es Arbeit, Weiterbildung, Geselligkeit, immer auch den Ausgleich brauchen.

Ein erfolgreiches Leben ist das Ergebnis eines Kreislaufs von Selbstforderung, Selbstentwicklung und Entspannung. Auf nichts kann verzichtet werden.

Wir sind auf Leistung getrimmt. Und das wird uns Menschen

nicht aufgezwungen. Das steckt in uns. Es geht nicht um reines Geldverdienen. Wir haben einen natürlichen Antrieb, der Leistung fordert. Wir haben richtig Lust darauf, zu erzeugen und zu gestalten.

Daher ist es normal, wenn Sie ihre Prioritäten ganz auf die Anforderungen im Job abstimmen und die Karriereleiter hochjagen wollen. Lassen Sie sich das nicht nehmen, wenn Sie darin Ihren Lebenszweck sehen. Das ist schon eine tolle Sache, wenn Sie erfolgreich sind. Da gehört viel Kraft dazu, Intelligenz und Durchhaltevermögen.

Erfolg ist auch nicht nur durch einen Chefposten erreicht. Erfolg haben Sie in jeder Beschäftigung, die Sie ausfüllt, in der Sie gefordert werden und stolz auf sich sein können, wenn Sie Ihre Sache gut machen.

Menschen brauchen Betätigung. Diese Betätigung gibt Bestätigung. Menschen wollen etwas aufbauen. Etwas hinterlassen. Das geht aber nur, wenn wir eine Aufgabe finden, die auch zu uns passt. Genau das macht den Unterschied aus: Das Leben mit einer Beschäftigung zu füllen, die Genugtuung bringt, anstatt lästige Pflicht zu sein. Wir brauchen genau das für ein vollständiges Leben mit allen Facetten. Das Schlechteste wäre, mangels Ideen nur das Notwendigste an einem Arbeitsplatz zu tun, der nicht der richtige ist. Und sich so gehen zu lassen und aufzugeben. Doch: Sie haben noch lange nicht alles probiert!

Und dann gibt es Menschen, die meinen, sie würden gerne auf einer Insel leben und nur noch am Strand liegen. Zumindest ist das eine häufig geäußerte Antwort auf die Frage: Was würdest du am liebsten tun?

„Auf einer Insel leben“ befriedigt aber auf Dauer genauso wenig wie „Millionär sein und nicht mehr arbeiten müssen“. Dafür sind unser Geist und unser Körper nicht geschaffen. Um glücklich mit dem Ablauf seines Lebens sein zu können, braucht es die richtige Balance zwischen Selbstforderung, Selbstentwicklung und – nicht zu vergessen – auch Entspannung. Wir dürfen nichts davon vernachlässigen, sonst wird es zu hart, Sie kommen nicht voran oder es wird zu langweilig.

Selbstforderung

In der Selbstforderung zeigen wir uns selbst, was wir können, wozu wir fähig sind. Wir fordern von uns ein Maximum an Leistung. Das ist als Bestätigung wichtig und als Parameter, wie weit wir gehen können. Das sollten wir so lange tun, solange es wirklich für uns selbst und nur für uns selbst sinnvoll ist. Viele arbeiten Tag und Nacht, um Bestätigung und Anerkennung von außen zu bekommen.

Machen Sie es nicht für die anderen! Das Lob von außen währt nur kurz und es bringt Ihnen auf längere Sicht nicht allzu viel. Sie müssen dann immer noch mehr machen, um sich die gleiche Anerkennung zu verschaffen. Selbstwert entsteht in Ihnen selbst. Machen Sie es für sich. Loben Sie sich selbst. Mit eigenen Ideen und Konzepten Erfolg zu haben, mit Leidenschaft seine Aufgabe zu erfüllen, etwas mit eigenen Händen aufzubauen – das sind schon schöne Leistungen. In jeder Arbeit, die einem Spaß macht, kann man seine eigenen Erfolge finden. Dafür lohnt es sich schon, sich anzustrengen.

In Ihrer Arbeit werden Sie besonders erfolgreich sein, wenn Sie sie als zum Leben zugehörig sehen. Lehnen Sie aufwendigere Arbeiten daher nicht ab. Bleiben Sie neugierig. Probieren Sie sie, auch wenn Sie nicht viel Erfahrung damit haben. Sie werden erst dadurch Erfahrung bekommen. Sichern Sie sich die Unterstützung anderer. Sie müssen nicht als Einzelkämpfer gegen Wände laufen. Lassen Sie sich eine Räuberleiter machen, um Hindernisse zu überwinden. Kommen Sie dann auf der anderen Seite an, werden Sie gewachsen sein.

Selbstentwicklung

Wir bleiben nicht auf dem Stand von gestern. Mit unserer Erfahrung, unseren Erlebnissen entwickeln wir uns auf jeden Fall weiter. Ob wir es wahrhaben wollen oder nicht. Am ehesten merken wir das, wenn wir etwa sagen: Ich wäre gerne noch einmal zwanzig Jahre alt, mit dem Wissen von heute. Wir würden gerne so manche Situation in unserem Leben noch einmal erleben, aber diesmal ganz anders handeln. Um es „richtig" zu machen. Weil wir jetzt einen anderen Weg gehen würden. Weil wir sicher sind, mit dem jetzigen Wissen die Situation besser bewältigen zu können.

Wir entwickeln uns also, werden schneller in dem, was wir schon lange tun, werden dennoch genauer, denken reflektierter und erwerben mehr Hintergrundwissen. Doch wir mussten all die Erfahrungen erst machen. Vielleicht waren auch sogenannte Fehler darunter. Aber Fehler gehören dazu.

Was wir jetzt machen können: Werden wir uns unserer Fortschritte bewusst. Geben wir uns Zeit für die nächste Stufe. Freuen wir uns über jede Möglichkeit uns weiterzuentwickeln. Aber erkennen wir auch, dass wir einen Schritt weitergehen müssen, wenn wir in der momentanen Lage dazu nicht mehr die Gelegenheit haben. Erkennen wir auch, wenn wir die Entwicklung gestoppt haben, weil wir uns nicht zutrauen uns zu ändern.

Bleiben Sie nicht stehen! Alles, was Sie über zu lange Zeit immer gleich machen, übt auf Sie keinen Reiz mehr aus. Sie werden keine Freude mehr an immer Wiederkehrendem haben. Es wird eintönig. Ein Schuss Pfeffer kann da nicht schaden. Werten Sie die jeweilige Tätigkeit auf. Da Sie sich weiterentwickeln, können Sie zum Beispiel vertraute Arbeitsvorgänge weiter perfektionieren.

Entspannung

So sehr Sie auch nach Höherem streben, jede Energie ist einmal aufgebraucht. Jede Kraft lässt einmal nach. Auch wenn Sie es vielleicht jetzt, in diesem Moment nicht wahrhaben wollen. Weil Sie noch so ehrgeizig und tatkräftig sind. Aber Ihr Leben wird erst dann langfristig in einer ansteigenden Erfolgskurve verlaufen, wenn Sie sich schon ohne beginnende Ermüdungserscheinungen ausreichend Zeit für sich, für Ihre Familie, für Ihre Freunde gönnen. Obwohl Sie eigentlich noch die volle Leistungsfähigkeit spüren und sich ausschließlich in Ihre Arbeit stürzen möchten.

Doch wenn die Balance stimmt, werden Sie nie in das Dilemma kommen, einmal keine Kraft mehr zu haben. Das Handtuch werfen zu müssen. Ausgebrannt zu sein. Und Sie werden nicht eines Tages aufwachen und merken, dass Ihr Leben allein von Ihrem Hamsterrad bestimmt wird.

Damit das nicht passiert, ist es unerlässlich, regelmäßige Entspannung zuzulassen. Jeder Muskel braucht Entspannung. Auch Ihr Gehirn braucht Pausen und will sich einmal mit etwas anderem beschäftigen, als es ohnehin jeden Tag tut. Sonst verkümmern die anderen Gehirnregionen. Und es bleibt insgesamt länger gesund.

Auch Ihre Seele vermisst Sie, wenn Sie sich nicht immer wieder eingehend mit ihr beschäftigen und sie mit sinnlichen Genüssen verwöhnen. Wenn Sie viel arbeiten, fällt Ihnen gar nicht auf, was Sie vermissen, wenn die Balance nicht mehr stimmt. Doch schließen Sie die Augen! Stellen Sie sich absolute Ruhe in einer friedfertigen Umgebung vor. Lassen Sie ihre Gedanken fließen, dorthin, wo nichts mehr zählt als Ihre Präsenz im Augenblick. Schieben Sie all die Verpflichtungen von sich. Seien Sie nur Sie selbst. Alles, was Sie haben, ist Ihr Atem und Ihr Herzschlag. Spüren Sie in diesem Moment, was Ihre Seele braucht.

Je mehr Sie arbeiten, desto mehr bewusste Pausen sind notwendig. Das sind keine Leerläufe. Die Ruhephasen wirken sich positiv auf Ihre Entwicklung aus und geben Ihnen zwischendurch Gelegenheit, über sich selbst und den Ist-Zustand nachzudenken. Ob das auch noch alles so ist, wie Sie es sich wünschen.

So, und diese drei Phasen wollen alle in Ihrem Leben Platz haben. Sie *müssen* in Ihrem Leben Platz haben. Denn Sie ergänzen sich, unterstützen sich gegenseitig und machen Sie zu einem reifen, erfolgreichen, geliebten Menschen.

Ruhig bleiben

Wir hören immer wieder, man soll seinen Emotionen freien Lauf lassen. Nichts in sich hineinfressen, sondern raus mit all den hochschwappenden Gefühlen, die in einem schwelen. Sie ausdrücken und sich damit innerlich frei machen. Wenn Sie traurig sind, Ihre Traurigkeit zulassen. Wenn Sie fröhlich sind, Ihre Freude nicht unterdrücken.

Doch müssen wir jedem negativen Gefühl nachgeben? Was sind diese negativen Gefühle überhaupt? Neid, Wut, Eifersucht sind Energiefresser, die uns regelrecht überfallen und uns leersaugen, wenn wir es ihnen gestatten. Sie spüren, wie erschöpft Sie sind, wenn Sie von ihnen besetzt werden. Sie spüren auch, wie ratlos Sie sind im Umgang mit diesen Energiefressern.

Empfinden wir etwa Neid, wollen wir etwas haben oder sein, was ein anderer hat oder wie er ist. Dabei verkennen wir unsere Einzigartigkeit und was wir selbst haben und sind. Wir können nicht jemand anderer sein. Doch wir wollen es erzwingen. Wir werfen dem anderen womöglich vor, sich zu Unrecht beschafft zu haben, was wir wollten. Wir schüren Feindschaft und werden doch niemals zufrieden dabei. Egal, wie es ausgeht. Wir lehnen damit uns selbst ab. Denn was wir sind und was wir haben, genügt uns dabei nicht.

Ein weiterer Energiefresser ist Wut. Sie entsteht, weil wir uns um unsere Bedürfnisse gebracht sehen. Oder weil wir uns ungerecht behandelt fühlen. Doch die Wut gewinnt jedes Rennen, in dem es darum geht, von uns Besitz zu ergreifen. Sie ist so schnell, dass wir meist nicht einmal Zeit haben, die Situation komplett zu durchschauen.

Diese stellt sich im Nachhinein oft ganz anders dar. Was im ersten Anschein an Eindrücken auf uns einströmt, zeigt sich nach genauer Betrachtung in einem anderen Licht.

Ein Beispiel: Sie kommen gehetzt nach Hause. Sie haben sich beeilt, da Sie mit Ihrem Partner ins Theater gehen wollten. Die Babysitterin ist bestellt, der Abend lange geplant. Doch zu Hause angekommen, steht Ihr Partner in legerer Kleidung in der Küche. Ihr möglicher erster Eindruck: Ihrem Partner ist der Abend nicht wichtig oder er hat die Zeit übersehen. Es wäre fatal, in einer ersten Reaktion die Begrüßung mit Vorwürfen zu starten. Denn in Wirklichkeit ist das Kind krank geworden. Erst wenn Sie die Hintergründe kennen, wenn Sie die Sache von einem anderen Blickwinkel betrachten, bemerken Sie, dass Sie selbst genauso gehandelt hätten.

Werden Sie daher den Geschehnissen, die vor Ihnen ablaufen, gegenüber souverän. Geben Sie nicht dem ersten Unmut nach. Ignorieren Sie die hochkriechenden Energiefresser, die von Ihrem Ärger leben. Bleiben Sie ruhig und beobachten Sie zuerst, was da vor sich geht.

Ruhe und Gelassenheit in einer hitzigen Situation werden Ihnen ein überlegenes, herrliches Gefühl geben. Währenddessen und danach. Dann müssen Sie sich später auch nicht dafür schämen überreagiert zu haben. Wer ist schon der Gewinner von zwei Hitzköpfen, die sich gegenseitig anschreien?

Indem Sie herausfordernden Dingen gegenüber Ruhe bewahren, bekommen Sie gleichzeitig die Gelassenheit, die das Leben unbedingt braucht und verdient hat. Weil es Zeit braucht, sich in seiner vollkommenen Sinnhaftigkeit zu entfalten. Damit meine ich: Warum etwas passiert, wie es passiert, erkennen wir oft erst nach einiger Zeit. Und wir erkennen erst dann, was hinter diesen Dingen steckt und den Grund dafür, dass es in unser Leben kommt. Was wir daraus lernen sollen und wie wir damit umgehen können.

In sich ruhig und besonnen zu bleiben hilft, die Lage im Griff zu behalten und sich stark und gut zu fühlen. Auch das will regelmäßig geübt werden. Wenn Sie ein „Häferl" sind, kann das Jahre dauern. Aber die ersten Fortschritte werden Sie schon bald bemerken, wenn es Ihnen gelingt, sich spätestens nach der ersten üblichen Gegenwehr zu besinnen, durchzuatmen und neu, aber diesmal beherrscht und achtsam auf die vermeintlichen Attacken zu reagieren.

Dann sind wir meist dankbar, dass wir uns in unserem emotionalen Rausch nicht durchsetzen konnten. Wir können noch glücklich sein, wenn wir damit nichts zerstört haben.

Noch wichtiger wird das Ruhe-Bewahren, wenn uns Handlungsweisen unserer Mitmenschen aufregen. Weil sie anders handeln, als wir selbst es tun würden. Wenn Ihnen eine bestimmte Vorgehensweise im ersten Moment auch noch so unverständlich ist, geben Sie einer Erklärung eine Chance. Wenn diese mit Ihrer Sicht der Dinge nicht zusammenpasst, sollten Sie anerkennen, dass Ihr eigenes Weltbild nicht mit dem des anderen übereinstimmen muss, um ebenfalls richtig zu sein.

Gestatten Sie der Wut, sich in Ihnen breit zu machen, wird sie allen Raum einnehmen, den sie bekommen kann. Der Ärger steigert sich und steigert sich, bis Sie es nicht mehr erwarten können, ihn aus sich herauslassen zu können.

In solchen Momenten lassen wir uns in unserer Reaktion vom „Dann-aber-Effekt" steuern.

Wenn beim Nachbarn der Lärm von vorhin noch einmal losgeht, dann aber …

Wenn er das nächste Mal wieder zu spät kommt, dann aber …

Oder Sie erwarten von einem Kollegen die Erledigung einer dringenden Sache, Sie kennen ihn aber als Schussel und denken, wenn er das wieder nicht fertig gemacht hat, dann aber …

Dabei haben wir gerade in diesen „Dann-aber-Situationen" die beste Möglichkeit zu üben, Ruhe zu bewahren. Denn Sie haben davor Zeit, an sich zu halten und sich eine bessere Reaktion zu überlegen. Eine, die keinen Konflikt hervorruft. Eine, mit der Sie auf den „Kontrahenten" auf eine überlegte Art und Weise zugehen und die Situation auf eine neue Ebene des gegenseitigen Verstehens bringen.

Ihr neues Credo der Besonnenheit wirkt also nicht nur in Situationen, die Affekthandlungen in Ihnen hervorrufen. Neid, Wut und Eifersucht wissen ja, wie sie sich möglichst lange bei Ihnen nähren und sich Ihrer Kraft bedienen. Sie können sich zu einem Thema auch auf Dauer bei Ihnen einnisten. Wenn Sie es nicht verhindern.

Indem Sie diese Energiefresser zu den einzelnen Problemen überprüfen, durchleuchten und somit aufdecken, ob sie die besten Ratgeber sind, die Sie abrufen können. Und indem Sie erkennen, dass sie eher die Verursacher Ihrer Probleme sind und Sie sich am besten ihrer entledigen. Vergessen Sie nicht: Sie sind der Chef, die Chefin! Sie bestimmen, wie es weitergeht! Ob mit einem Wutanfall oder in aller Ruhe.

Emotionen steuern

Spontane Emotionen sind in erster Linie erlernt und äußern sich in der jeweiligen Situation so gut wie automatisch. Doch es gibt mehrere Stufen, bei denen Sie einschreiten können, das Zepter ergreifen, um Ihre Emotion in die gewünschte Richtung zu lenken. Der US-Psychologe James Cross hat fünf Stadien beschrieben, in denen Emotionen entstehen. Und genau in diesem jeweiligen Stadium können Sie eingreifen, wenn Sie bewusst daran denken.

So haben Sie schon die erste Möglichkeit bei der *Situationsauswahl.* Wenn Sie wissen, dass auf dem Fest, zu dem Sie eingeladen wurden, eine alte Freundin ist, die Sie nach einem Streit aber nur zu sehen brauchen und schon gehen Sie an die Decke, können Sie diese emotionale Situation leicht vermeiden: Sie müssen nicht zu dieser Party. Ob Sie hingehen und sich dadurch einer Konfrontation aussetzen, ist Ihre Entscheidung. Eine Aussprache mit dieser ehemaligen Freundin wäre sinnvoll, aber eine Party ist nicht der geeignete Rahmen.

Nächstes Stadium: Die *Situationsmodifikation.* Wenn Sie sich schon mittendrin befinden in einer belastenden Situation, können Sie sie für sich etwas abmildern. Ihr Arbeitskollege unterhält sich im Großraumbüro in voller Lautstärke. Bitten Sie ihn, etwas leiser zu sprechen, weil Sie sich nicht konzentrieren können.

Wenn das nicht hilft, lenken Sie Ihre *Aufmerksamkeit* in eine andere Richtung. Das ist das nächste Stadium, in dem Sie negative Emotionen beeinflussen können. Vermeiden Sie die Konfrontation mit der Situation. Regt Sie eine Szene im Fernsehen auf? Drehen Sie ab. Regt Sie das Verhalten Ihres Kollegen auf, gehen Sie auf einen Kaffee. Das sind alles verschiedene Arten, mit belastenden Situationen umzugehen und sie zu umgehen, bevor eine Eskalation droht. Was Sie davon wählen, hängt von Ihrem eigenen Empfinden und der Wirkung bei Ihnen ab.

Die vierte Stufe ist die gedankliche *Neubewertung*. Nicht alles, was Sie in Ihrer Vorstellung so schrecklich finden, ist es auch zwingend. Wenn Sie einen Menschen provokant finden, überlegen Sie, warum er so agiert. Es könnte ja sein, dass er es nicht mit böser Absicht macht.

Anderes Beispiel: Sie kommen im ärgerlichen Stau drauf, dass Sie durch die Wartezeit, die sich dadurch ergibt, endlich den Telefonanruf machen können, den Sie schon so lange vor sich herschieben.

Und schlussendlich müssen wir die *Emotionen nicht unter allen Umständen zurückhalten.* Stufe fünf: Die Emotionen müssen raus. Es ist für das Verstehen untereinander durchaus wichtig, Gefühle und Ansichten eines Mitmenschen über den Ausdruck seiner Emotionen zu erfahren. Emotionen gehören zu unserem Dasein, zu unserem Wesen. Dennoch möchte ich noch einmal darauf hinweisen: Emotionen sollten angemessen und dadurch für das Gegenüber auch in irgendeiner Weise verständlich sein. Man kann sich über Emotionen mitteilen. Aber sie dürfen nicht zerstörerisch wirken und noch mehr Gefühlsausbrüche schüren.

Es ist ein Unterschied zwischen der Intuition, in einer Situation angemessen zu reagieren, und Affekthandlungen oder sogar überlegten Ausbrüchen, weil man glaubt, nur so an sein Ziel zu kommen.

Gehen diese starken emotionalen Äußerungen, so impulsiv sie sein mögen, aus positiven Absichten hervor, folgen Sie Ihnen ruhig. Da kann nichts passieren. Wenn man jemandem sagt, dass man ihn gern hat, wird das meist keine negativen Folgen nach sich ziehen.

Auch die trüben Tage sind unsere Begleiter

Ja, wir haben sie. Diese Tage, an denen wir schon beim Aufstehen merken, es ist wieder einer *dieser* Tage. Wir beschreiben sie unterschiedlich: Wir sind mit dem linken Fuß aufgestanden, wir kommen heute nicht recht auf Touren, wir wären am liebsten im Bett geblieben, heute will nichts so recht gelingen, irgendwie sind wir heute nicht so gut drauf. Aber warum? Vielleicht hat es mit dem Hormonhaushalt zu tun, vielleicht mit dem Biorhythmus oder doch dem einen oder anderen ungelösten Problem oder einem aufgeschobenen Vorhaben.

Es gibt diese Tage immer wieder, oft eben auch ohne ersichtlichen Grund. Weil einfach gerade nichts los ist. Keine Action in der Arbeit, die Freunde sind nicht verfügbar und das Wetter lädt auch nicht zum Berge-Erklimmen ein. Eine Herangehensweise kann sein: Begrüßen Sie diesen Tag freundlich. Als alten Bekannten sozusagen: „Ah, da bist du ja wieder! Was verschlägt dich heute in meine Gegend? Na, dann verbringen wir die Zeit gemeinsam."

Ich will die Bedeutung solcher Tage nicht lächerlich machen. Aber andererseits, unsere komplexen, biochemischen Vorgänge im Körper können uns durchaus Stimmungslagen bereiten, die wir nicht unbedingt so wollten. Warum sollen wir das also so tierisch ernst nehmen? Wenn wir Magenzwicken haben, machen wir ja auch kein Drama daraus. Haben wir in der Kantine halt etwas erwischt, was uns nicht so gut bekommt. Naja, wird vergehen. Und wenn wir gut drauf sind, freuen wir uns ja auch und genießen den Tag. Obwohl wir manchmal auch nicht wissen, was uns eigentlich in solch ein Hochgefühl versetzt.

Was bedeutet das also? Diese altbekannten Tage wollen auch gewürdigt werden. Sie können auch Ansporn sein, erst recht auf sich zu achten, anstatt der gedämpften Stimmungslage nachzugeben.

Also gönnen Sie sich gerade an diesem Tag ein Extra. Irgendwas besonders Gutes in kulinarischer Hinsicht etwa. Oder Sie rufen eine Freundin an und machen sich eine Plauderstunde bei einem Kaffee, eine Laufrunde oder eine Workout-Einheit aus. Trübe Tage können auch eine Gelegenheit sein, sich mit sich zu beschäftigen. Zu schauen, was hinter dem Stimmungstief noch so stecken könnte.

Und dann gibt es ja noch all die anderen Tipps in diesem Buch, die Sie gleich anwenden können, wenn Sie den Tag nicht mit der Last von negativen Gefühlen verbringen wollen.

Wenn Sie es mit einer neuen Einstellung schaffen, Ihre trüben Tage als Teil von sich zu erkennen, gelingt es Ihnen, mit der einen oder anderen Methode in diesem Buch auch besser, sie gar nicht erst Besitz von sich ergreifen zu lassen. Damit sind Sie selbst für sie auch nicht mehr so einladend und sie werden weniger und weniger. Ich wünsche mir für Sie, dass sie weniger werden. Unabhängig von Ihrem Hormonhaushalt. Auch wenn der natürlich immer ein gewichtiges Wort mitreden wird. Das ist nicht zu vermeiden. Aber Sie kennen ja jetzt einen Weg, wie Sie damit umgehen können.

Und eines sei noch gesagt: So wie nach der Ebbe wieder die Flut kommt und wie auf arbeitsintensive Tage auch wieder das erholsame Wochenende folgt, so folgen auf trübe Tage ganz sicher wieder fröhliche. Alles, auch solch ein Tag, geht vorbei. Und es wartet bereits ein neuer auf Sie!

Seien Sie dafür!

Mit mieser Laune lässt es sich nicht gut Kirschen essen. Denn dann können sie noch so knallrot, saftig und süß sein. Wir werden sie lustlos zerkauen oder sogar am Baum hängen lassen. Mit Missmut lassen sich außerdem keine neuen Ideen entwickeln oder Begeisterung für ein neues Projekt in der Arbeit zeigen. Für manche Menschen ist dennoch Missmut die erste Abwehrhaltung: Reformen im Job kleinreden, die Umsetzung innovativer Änderungen skeptisch beäugen, die Fehler darin suchen und ausschließlich die Schwierigkeiten und Probleme dahinter aufzeigen.

Stellen Sie sich einen Betrieb vor, in dem neue Impulse rasch aufgegriffen und ausprobiert werden. Das kann spannend sein und viele sinnvolle Änderungen herbeiführen. Sicher ist es einfacher, wenn man schon weiß, was auf einen zukommt. Wenn Routine die Arbeit leicht von der Hand gehen lässt. Aber es ist auch genau dieser Trott, der irgendwann langweilig wird und nichts Neues bietet. Und wir Menschen brauchen neue Herausforderungen. Gleichzeitig trauen wir uns aber oft nicht in sie hinein. Der ewige Kampf zwischen Gewohnheit und Aufbruchsstimmung in uns. Viel zu oft gewinnt die Gewohnheit. Sie hat die bequemeren Argumente: „Jetzt passt ohnehin (fast) alles! Das funktioniert nicht! Das Risiko ist zu hoch!"

Davon gehen wir aber jetzt mal weg und ignorieren diese alte Leier. Dafür brauchen Sie auch gar nicht so viel zu tun. Schieben Sie Ihre eigenen Ideen nicht weg, sondern gehen Sie heraus damit! Wenn Sie an eingefahrenen Strukturen Mängel erkennen, kommunizieren Sie diese. Wenn Ihnen etwas einfällt, was frischen Wind in den täglichen Workflow bringt, gehen Sie heraus damit.

Und: Zeigen Sie guten Willen, wenn jemand etwas Neues vorschlägt. Auch wenn Sie eigentlich keine Lust darauf haben. Wer weiß, ob in dem Moment überhaupt Ihr wahres Ich mit Ihnen kommuniziert oder doch nur ein eingeschüchterter Teil von Ihnen. Ich verspreche Ihnen, es wird Ihnen Spaß machen, und abgesehen davon: Machen Sie sich bewusst, dass es gar nicht gut ankommt, wenn man bei, ja, vielleicht naiven, aber zumindest ambitionierten Vorschlägen von anderen ständig dagegen ist. Diese Abwehrhaltung schlägt sich in Form gesenkter Köpfe nicht nur auf das Team nieder, es richtet sich irgendwann auch gegen Sie selbst.

In der Familie ist es genauso. Sie können einmal an einem schönen Sonntag keine Lust auf eine Wanderung haben. Doch wenn Sie nur mehr am Sofa sitzen, während andere sich einen schönen Tag nach dem anderen machen, wer, glauben Sie, hat mehr vom Leben und wer verliert den Kontakt zu seinen nächsten Mitmenschen? Ja, ich weiß, ich spreche oft davon, dass man sich selbst nicht aus den Augen verlieren und erst einmal für sich sorgen soll. Schauen, dass es einem selbst gutgeht, man mit dem Leben auf gleich ist, um dann genug Kraft für sein Umfeld zu haben.

Aber das betrifft das Eigenengagement, das betrifft Pausen so zu setzen, dass sie sinnvoll sind und Sie Energie tanken können. Das heißt nicht, sich gegen das Leben zu stellen, sondern die Schönheiten des Lebens zu erkennen und sie zur obersten Prämisse zu machen. Ich sage genauso: Seien Sie neugierig aufs Leben, probieren Sie sich aus und lassen Sie neue Pfade, die entscheidend sein können für Ihr Leben, auch zu. Und pflegen Sie Ihr Umfeld, denn unsere Familie und unsere Freunde sind die wichtigsten Stützen im Leben, neben uns selbst. Ohne geht's nicht!

Natürlich gehört zu diesem „Dafür zu sein", zu diesem „Neuerungen befürworten" auch, dass man nicht jeden Tag über Monate hindurch voll im Stress ist und nicht mehr ein noch aus weiß. Die Strukturen in der Firma, beim Chef angefangen, müssen solche Neuerungen auch zulassen, ohne dass man sich jeden Tag vor Arbeitsbergen, verbunden mit nicht gefestigten Arbeitsabläufen, aufreibt, Kunden vergrault, Aufträge in den Sand setzt und sich nur mehr zerfleischt. Ganz klar.

Aber jetzt geht es erst einmal darum, seine Einstellung zu neuen Aufgaben zu optimieren. Und nichts anderes als die Einstellung ist ausschlaggebend für eine positive Haltung. Offen zu sein und zu überlegen, wie es gehen kann, und nicht, wie es nicht gehen kann, bringt Ihnen ungeahnte Entwicklungsmöglichkeiten und Sympathie. Das betrifft tagtäglich viele kleine Entscheidungen im Job und viele kleine Optimierungen.

Versetzen Sie sich in diese kraftvolle seelische Gefühlslage, dafür zu sein. Dafür zu sein steigert Ihre Motivation. Unvoreingenommen zu sein steigert den Spaß an neuen Herausforderungen. Zu empfangen statt abzulehnen macht einzigartige Leistungen und Erfahrungen möglich.

Werden Sie wieder analog

Es hört sich für Sie vielleicht altmodisch an: Das Leben in Displays ist nicht das echte Leben und es ist nicht das Leben, das unserer Seele nachhaltige Befriedigung bringt. Weil der Kontakt zum wirklichen Sein fehlt. Ich muss dazusagen, dass ich etwa Facebook selbst auch nutze. Es ist ein nettes Fenster in die Wohnzimmer und Freizeitaktivitäten von alten Bekannten. Doch wie beim Arbeiten, Faulenzen, Essen, Trinken oder Fernsehen gibt es auch beim Eintauchen in Displays und Computerbildschirme ein Zuviel.

Ist man solche Zerstreuung gewöhnt, ist es nicht leicht, sich auf etwas anderes einzulassen. Doch es gibt so viele Möglichkeiten, sich wieder ins richtige Leben zu integrieren. So wie die digitale Welt Kinder in ihrer Entwicklung blockiert, so entfernen sich Erwachsene dadurch von ihrem Gefühl des Selbsterlebens ohne Selbstpräsentation. Von der Begeisterung für Besonderes ohne Zuschauer. Und von Ihrer Fähigkeit, selbst Spannung in ihr Leben zu bringen und sie für sich zu genießen. Ohne 23 Likes. Wir verlernen zu staunen – über die großartigen Dinge, die uns in der Außenwelt begegnen. Wir verlernen, sie zu erleben, ohne daran zu denken, sie für alle zugänglich ins Internet zu stellen.

Überprüfen Sie, wie sehr Ihr Denken von Sozialen Medien bestimmt wird:
Sonnenuntergang: Wie groß ist der Drang, ein Foto davon online zu stellen?
Wie viele Sonnenuntergänge haben Sie in den letzten Jahren gesehen, ohne davon ein Foto zu posten?

Wie oft waren Sie in einem schicken Restaurant, ohne die Menüabfolge in sozialen Netzwerken zu dokumentieren?
Wann haben Sie das letzte Mal eine Sehenswürdigkeit bewundert, ohne ein Selfie zu machen?
Welches Konzert war das letzte, bei dem Sie kein Video von Ihrem Lieblingssong gemacht haben?
Und wie oft haben Sie sich die selbst gedrehten Videos der vergangenen Konzerte angesehen?

Wenn Sie diesen Zwang verspüren, Ablenkung rein in technischen Geräten zu suchen, ohne konkret auf eine ersehnte Nachricht der neuen Liebe zu warten (was auf jeden Fall ein triftiger Grund ist, das Handy überallhin mitzunehmen) oder auf eine andere wichtige Mitteilung, haben Sie bereits begonnen sich abzukoppeln von dem wahren Sein. Von Ihrem und dem um Sie herum. Der Spaß, den Sie dabei empfinden, ist nicht von langer Dauer.

Wenn Sie es wie eine Zeitung nutzen, wo Sie zwei-, dreimal am Tag hineinschauen, beeinträchtigt das Ihr Empfinden für die Realität nicht. Wenn Sie Ihre Dosis aber immer weiter erhöhen müssen und von Likes und Chats abhängig werden, steigt auch Ihr Frustpegel, denn die digitale Welt hat keine Seele. Doch wir brauchen die Verbindung zu Seelischem. Unsere Seele braucht das. Da alles Beseelte auf eine besondere Art miteinander in Berührung steht, braucht sie den Kontakt, um ganz zu sein. Die Erneuerung. Das Herstellen seelischer Verbindungen. Davon entfernen wir uns aber, wenn wir uns ständig hineinbeamen in Bits und Bytes, wo es keine echte Lebendigkeit gibt.

Dazu gehört auch Online Dating. Es finden sich, wie es heißt, ein Viertel der neuen Partnerschaften im Internet. Es gibt Paare, die sich über Partnerbörsen gedatet haben und glücklich miteinander sind. Aber ich kenne auch sehr viele, die die Nase voll haben davon und nun resignieren, einen Partner zu finden. Meine Philosophie ist, alles was Sie machen, soll sich gut anfühlen. Soll Sie innerlich stärken, Ihnen Selbstbewusstsein geben und Ihnen zeigen, dass Sie etwas Besonderes sind. Doch welchem Bewertungs-Tsunami setzen Sie sich auf Online-Partnerbörsen aus? Ihr Wesen wird beurteilt über Ihr Alter, Ihre Fotos und welche drei Dinge Sie auf eine Insel mitnehmen würden. Aber einen Partner findet man nicht über reine Fakten, wie sportlich man ist und ob man Frühaufsteher oder Morgenmuffel ist.

Und dann gibt es „Ghosting". Sie schreiben voller Hoffnung mit einem potenziellen Partner hin und her. Berichten ihm von Ihren Vorlieben und wo Sie aufgewachsen sind und plötzlich – keine Antwort mehr. Funkstille. Auf ein Nachfragen keine Reaktion. Oder der Kontakt wurde gleich ganz gelöscht. Man ist verwundert, sucht Gründe, will es nicht an sich heranlassen und doch beschäftigt es einen. Es trifft einen besonders verwundbaren Bereich: den des Selbstbildes. Der bisher positive Eindruck, den Sie von sich hatten, bekommt einen Kratzer nach dem anderen.

Sie nehmen tagtäglich Absagen und Zurückweisungen von wildfremden Menschen hin und machen sich deshalb vielleicht auch noch Gedanken und Vorwürfe. Es hinterlässt ein demütigendes Gefühl. Jedes Mal.

Freunde und Freundinnen erzählen mir oft davon. Einer schrieb mit einer möglichen neuen Partnerin einige Wochen lang. Sie wussten bereits viel über einander. Nur Fotos hatten sie noch keine ausgetauscht. Auch ich wusste schon alles von dieser Frau, weil mein Freund mich auf dem Laufenden hielt. Vor dem geplanten Treffen bat sie ihn, ihm Fotos per Mail zu senden. Er tat es. Seitdem hat er nie mehr von ihr gehört. War er optisch nicht ihr Typ? Auch wenn der schriftliche Austausch, ohne sich persönlich zu kennen, große Ähnlichkeiten und Sympathie zutage brachte?

Vielleicht gab es auch einen ganz anderen Grund, dass sie sich nicht mehr meldete: Ihr Traummann ist ihr endlich über den Weg gelaufen oder eine Lebenskrise ist eingetreten. Mein Freund wird es nie erfahren. Doch was tief drin in einem übrig bleibt, ist das Gefühl der Ablehnung. Und das hat man auf diesen Plattformen unter Umständen jeden Tag.

Was ich von Freundinnen über ihre Erlebnisse mit Männern im Online-Freiwild-Gehege höre, bringt mein Weltbild einer vernünftigen Gesellschaft ins Wanken. Lassen wir Erniedrigungen zu, schwächt uns das. In uns prägt sich die Wahrnehmung eines scheinbar üblichen Verhaltens ein, die uns unsicher werden lässt. Sie macht uns ängstlich und gleichzeitig zornig.

Wir verlieren den Glauben an harmonische Beziehungen. Eher wird der Eindruck vermittelt, alle Männer wären so. Der Eindruck, so wie diese Typen auf den Single-Plattformen ihr Unwesen treiben, so wären alle anderen auch. Es ginge nur noch um Triebe und deren schnelle Befriedigung. Jede Hoffnung auf einen vernünftigen, niveauvollen Partner wird mit Füßen getreten. Sie fühlen sich womöglich gar zum Objekt degradiert, das sich freiwillig Menschen ohne Stil und Anstand als Opfer dargeboten hat.

Nach diesen Schilderungen stellen Sie sich jetzt bitte einen Partner vor, der Sie galant umwirbt und Sie respektvoll behandelt. Prägen Sie sich dieses Bild ein und gehen Sie hinaus. Denn es gibt solche Menschen.

Machen Sie die Dinge, die Ihnen Spaß machen, und wenn Sie bei einer dieser Gelegenheiten jemandem begegnen, bei dem es knistert, lassen Sie den Dingen ihren Lauf und wachsen Sie auf natürliche Weise und vor allem auf respektvolle Weise mit jemandem zusammen, der das Gleiche will wie Sie. Und später erzählen Sie die Geschichte Ihres Kennenlernens Ihren Enkelkindern. Es wird eine spannende Geschichte sein, die rührend ist und gleichzeitig voller Lebensfreude. Vielleicht aufheiternd. Und solche Geschichten brauchen wir.

Umgang mit Geld

Was hat denn Geld mit meinem inneren Glück zu tun, mögen Sie denken. Geld macht doch nicht glücklich, hört man ja immer wieder. Doch, macht es, könnte ich jetzt antworten.

Nachvollziehbar ist wohl für die meisten Menschen, dass eine gewisse finanzielle Sicherheit notwendig ist, um glücklich zu sein, da dadurch die wesentlichen Grundbedürfnisse gedeckt werden können. Was meiner Erfahrung nach aber eine noch viel stärkere Wirkung entfaltet, und das für Ihr ganzes weiteres Leben, ist: Nehmen Sie dem Geld seine Wichtigkeit, aber leisten Sie sich was! Nutzen Sie Geld für die Dinge, die Ihnen Glücksgefühle verschaffen. Sie können sich damit verwöhnen, sich schöne Dinge leisten und die Welt in Form von Reisen für sich erschließen. Richtig so!

Als ich um die zwanzig Jahre alt war, war ich ein paar Monate in den USA und ein paar Monate in der Türkei. Das sind Eindrücke, Begegnungen und Erfahrungen, die man sein ganzes Leben mitnimmt. An das Geld, das ich gespart hätte, hätte ich diese Reisen nicht unternommen, sondern wäre zu Hause arbeiten gegangen, verschwende ich keinen Gedanken mehr. Es hat keinen emotionalen Wert.

Geld hat sich zu unserer unangefochtenen Nummer eins an Tauschobjekten etabliert. Wir bekommen es für unsere Leistung, wir geben es weiter. Ist handlicher, als wenn wir eine Kuh zum samstäglichen Großeinkauf als Tauschmittel mitschleppen müssten.

Mein Tipp ist: Nutzen Sie dieses Tauschmittel auch. Werden Sie spendabel! Jede Art von Geiz ist ein Kampf gegen Ihr innerstes Bedürfnis, es sich gutgehen zu lassen. Ich kenne eine sehr sparsame Frau. Man kann Hochachtung vor ihr haben, weil Sie als Flüchtling in den 60er-Jahren mit ihrem Mann mittellos, nur mit einer Tasche gefüllt mit ein paar Kleidungsstücken, nach Österreich kam. Heute lebt das Paar in einem großen Haus, ohne Schulden, stattdessen zusätzlich mit einem gefüllten Bankkonto. Doch zu welchem Preis? Nach wie vor leistet es sich nur das billigste Essen. Ein Restaurantbesuch kommt sowieso nicht infrage. Die beiden fahren so gut wie nie auf Urlaub, besuchen kein Theater, keine Konzerte, kein Kino. Niemals haben sie sich etwas geleistet. Über fünfzig Jahre lang. Sie könnten es gar nicht mehr.

Das Geld zusammenzukratzen hat sich in ihrem Leben verinnerlicht. Sie sparen weiter und weiter, obwohl sie schon alles haben. Das wäre ja ok, wenn es beider freier Wille wäre und sie sich damit wohl fühlen würden. Ich weiß aber zumindest von dem Mann, dass er liebend gerne ins Theater gehen würde und Ausstellungen und Museen besuchen möchte. Doch er darf nicht. Weil Geld auszugeben in dieser Familie verboten ist.

Ein Zwang, der aus der Not entstanden ist. Doch einer, den man irgendwann, wenn er sich überholt hat, auflösen könnte. Um dann auch noch das Leben genießen zu können. Stattdessen liegt das Geld am Konto. Die beiden sind über siebzig und werden das Ersparte den beiden Kindern vererben. Die es eigentlich gar nicht unbedingt brauchen, weil sie sich ihr Leben schon selbst mit allem, was dazugehört, eingerichtet haben.

Wie Sie leben, entscheiden Sie selbst. Wenn es für Sie gut ist, dann passt es auch. Doch wenn Sie sich damit etwas verwehren, was Ihr Leben bereichern könnte, dann sollten Sie sich zumindest überlegen, was passiert, wenn Sie es anders probieren.

Ja, vielleicht sparen Sie auf etwas Großes. Auch brauchen Sie einen Notgroschen für schlechte Zeiten. Doch wie viel davon brauchen Sie? Wie viel Verzicht ist es wert, dass Sie sich jeden Tag Ihre Wünsche verbieten oder sogar Angst haben, zu verschwenderisch zu sein? Dieses ständige schlechte Gewissen, wenn Sie Geld ausgeben, trübt Ihren Tag. Es gräbt sich in die Magengegend und schabt sich dort eine Höhle, von der aus es Sie jeden Tag an sich erinnert und Ihnen ein dumpfes Gefühl bereitet.

Das System des Tauschgeschäfts hat sich zur Treibjagd entwickelt. Geld wieder umgelegt auf Kühe: Wir tauschen nicht mehr einfach die Kuh, die im Stall steht, und freuen uns, wenn das Kalb schön groß und fett wird, damit wir ein neues, wertvolles Tauschobjekt anbieten können. Wir versuchen, noch eine zweite und dritte Kuh von irgendwo herzubekommen, damit wir mehr zum Eintauschen haben und mehr dafür bekommen. Doch der Nachbarbauer merkt das natürlich. Er hat ja gesehen, wie Sie die Tiere am Markt erstanden haben. Und er weiß, dass Sie die Dachziegel, die er noch übrig hat, unbedingt brauchen, um das Dach Ihres Stalles abzudecken. Daher pokert er und verlangt plötzlich drei Kühe, wofür Sie sonst eine bezahlt hätten.

Um diese Metapher aufzulösen: Wir lassen uns treiben von einem System, das eigentlich nur praktisch sein sollte. Wir sparen, alles wird teurer. Wir verdienen mehr, die Preise steigen. Wir müssen also mehr sparen. Die Kosten gehen weiter in die Höhe. Wo vorher einer arbeiten gegangen ist, braucht es heute schon zwei Vollzeitarbeitende, um sich die gleichen Dinge leisten zu können. Das ersehnte Haus rückt sonst in weite Ferne.

Arbeiten ist ja gut und macht Freude. Doch zeitlich bleibt in der Familie etwas auf der Strecke, wenn es zu viel wird. Der Druck steigt. Weiter und immer weiter. Was man sich leisten kann, wird nicht in gleichem Maße mehr. Und ja, auch die eigenen Ansprüche steigen. Ein Teufelskreis.

Auch hier gilt, wie bei vielen anderen Themen: annehmen und gelassen sein. Sich selbst etwas gönnen. Das Geld nicht als größtes Gut ansehen, sondern als das, was es ist: ein Tauschobjekt. Und es auch als solches verwenden. Nicht horten und in der großen, dicken Schatzkiste im metertiefen Loch vergraben. Eine große Last wird von uns abfallen, wenn wir uns nicht jeden Tag sorgen, wie viel wir noch haben und wie es mehr werden könnte. Es ist wichtig, in unserem System Geld zu verdienen – aber bitte suchen Sie sich einen Weg, bei dem Ihnen das Geldverdienen Freude bereitet. Und wenn es nicht so viel ist, wie der Nachbar verdient, wird es auch noch genug sein.

Und damit sich das Geldverdienen auch auszahlt und Sie etwas davon haben: Seien Sie spendabel. Sich selbst und auch Ihren Nächsten gegenüber. Schenken macht wirklich Spaß. Vor allem, wenn es nicht nur Pflichtgeschenke sind. Wollen Sie wirklich darauf warten, bis Sie so viel Geld am Konto haben, dass es zwar ein fettes Erbe abgäbe, aber davor niemals Freude bereitet hat?

Freude, wenn Sie nach dem Essen mit Freunden die ganze Runde einladen. Einfach so.

Wenn Sie den Arbeitskollegen Mehlspeisen mitnehmen, weil Ihnen danach ist.

Weil Sie Ihrem Partner Blumen mitbringen, obwohl nicht Valentinstag ist.

Es klingt jetzt egoistisch, aber das bringt Ihnen selbst am meisten!

Und dann: Gönnen Sie sich selbst etwas. Was auch immer. Zeigen Sie sich, wie gern Sie sich haben.

Ja, der schnöde Mammon – aber es stimmt: Man kann sich kurzfristig auch mit materiellen Dingen Freude bereiten.

Oder mit Workshops. Kurze Ausbildungen in Bereichen, die Sie interessieren, können das Leben äußerst bunt gestalten und sich nachhaltig auswirken. Zu Ernährung zum Beispiel. Oder etwas Sportliches. Vielleicht einen Sprachkurs oder etwas Kreatives. Es gibt so viele Möglichkeiten. Und hierbei setzen Sie das Geld in etwas um, von dem Sie Ihr ganzes Leben lang etwas haben.

Manche Menschen zeigen sich anderen gegenüber durchaus spendabel, aber würden für sich selbst nichts tun. „Ach, ich brauch das doch nicht. Bin doch nur ich …" Dann vergessen Sie aber, dass Sie andere nur lieben können, wie Sie sich selbst lieben. Lernen Sie und erfahren Sie, welches Gefühl sich in Ihnen ausbreitet, wenn Sie sich selbst beschenken. Sich selbst Gutes tun. Das ist etwas Besonderes. Wenn man sich nicht nur in die Küche stellt, um seine Freunde mit extravaganten Spezialitäten zu bekochen, sondern auch wenn man sich selbst einen Gaumenschmaus gönnt.

Wenn wir spendabel sind, auch uns selbst gegenüber, haben wir vielleicht weniger für die großen Dinge. Aber versetzen Sie sich einmal in diese Fantasie, die wohl Utopie ist: Wenn das jeder macht, also, wenn jeder spendabler ist, sein Geld öfter für Dinge verwendet, die die Lebensqualität erhöhen, dann ist in jedem Haushalt, nicht mehr so viel Geld vorhanden.

Jeder Einzelne hat dann nicht mehr so viel übrig für das Haus mit Garten und das schicke Auto. Glauben Sie, dass die Häuser dann alle leer stehen blieben? Weil sie sich keiner mehr leisten kann? Dass die Autoproduzenten Ihre Produktion runterfahren? Nein! Der Preis wird sich anpassen. Verkauft werden muss das Haus trotzdem. Und die Autos wollen dennoch an den Mann und die Frau gebracht werden. Und für die Unternehmer und Verkäufer wird immer noch genug Gewinn übrig bleiben. Plötzlich wird es wieder leistbar.

Anschaffungen werden nicht teurer, weil das halt ein naturgegebenes Gesetz ist. Sie werden teurer, weil sie gekauft werden, auch wenn sie mehr kosten. Und weil die, die Häuser und Autos verkaufen, sich auch etwas leisten wollen und durch steigende Preise immer mehr Geld brauchen.

Also, anders ausgedrückt: Es wird teurer, weil wir einfach immer mehr Geld haben. Doch was geht dabei verloren?!

Die hohe Kunst des wahren Glücks geht durchaus davon aus, dass man ohne Geld glücklich ist und das Leben von einer besonderen Seite entdeckt, die sich in uns selbst abspielt.

Doch verbinden wir diese Philosophie mit unserem System, das wir uns über Jahrhunderte geschaffen haben. Es geht um die Wichtigkeit, die wir dem Geld verleihen. Wir können und sollen es nutzen, um uns Annehmlichkeiten ins Leben zu holen. Aber gleichzeitig sollten wir es nicht als unschätzbares Gut sehen, das wir bewahren und auf Biegen und Brechen verteidigen müssen.

Gesund denken – gesund bleiben

Zur Selbstliebe, die heute immer mehr als wichtigste Voraussetzung für ein erfolgreiches Leben erkannt wird, gehört es auch, zu genießen. Doch vermeintliche Angreifer, in Form von Kohlenhydraten, Mehlprodukten, Fetten, wollen uns attackieren – denken viele. Die Angst vor Essen geht um. Die Angst, etwas in den Körper hineinzulassen, was Schaden anrichten könnte. Dazu kommt auch noch die Angst, nicht gut genug zu sein, nicht perfekt auszusehen für die Idealvorstellungen irgendwelcher Leute.

Das Idealgewicht wird heute von Zahlen bestimmt und nicht von Ihnen selbst. Dadurch kasteien wir uns, erlauben uns keinerlei kulinarisches Vergnügen und sitzen lieber bei Karottensticks mit Reiswaffeln natur. Doch wenn wir unserem Körper keine Freude mehr gönnen, wie viel Freude gönnen wir dann unserer Seele? Wie viel Freude können wir mit unseren Mitmenschen, unserem Partner empfinden, wenn wir keine gute Meinung von unserem Erscheinungsbild und der Belastbarkeit unseres Körpers haben? Worauf können wir uns noch einlassen?

Es stimmt: Wir wollen schlank sein. Doch das soll aus einem gesunden Bewusstsein für einen funktionierenden, leistungsfähigen Körper heraus geschehen. Denn achten wir auf die Hülle, halten wir sie in Gang, tut sich der Inhalt, die Seele, leichter, aktiv und belebt zu sein. Das kann man mit einer ausgewogenen Mischung von sportlichen Elementen und Achtsamkeit bei der Nahrungsaufnahme gut erreichen. Das heißt nicht, dass wir uns jede Gaumenfreude verwehren müssen. Und wir jeden Tag ausschließlich einen Kilo Brokkoli zu uns nehmen dürfen.

Sich zu mögen hat auch damit zu tun, sich zu beschenken, sich etwas zu gönnen. Bewusster Genuss, auf den man sich einlässt, ganz ohne schlechtes Gewissen und Diätplan für die Tage danach, hat so viele Vorteile, dass sie den kurzfristigen Kalorienanstieg leicht wettmachen. Diäten versprechen einen schnellen Erfolg und nützen in den allermeisten Fällen nichts. Eher bringen sie den Körper durcheinander und entziehen ihm wichtige Stoffe für den Systemerhalt.

Doch was ich oben schon angesprochen habe: Vielfach verhindert die grassierende Angst vor Krankheiten in Form von Unverträglichkeiten, ohne Sorge zu essen. Die Supermarktregale mit glutenfreien Produkten etwa werden größer und größer. Die Nachfrage steigt. Und doch bleibt die von Ärzten festgestellte Anzahl der Menschen mit Zöliakie, also der Glutenunverträglichkeit, unverändert. Nur 0,4 Prozent der Bevölkerung haben sie. Und doch sind an die 10 Prozent der Meinung, Gluten nicht zu vertragen.

Essen und trinken Sie, was Sie möchten. Wenn es Ihnen durchs Weglassen von Nahrungsbestandteilen besser geht, machen Sie das. Doch versetzen Sie sich nicht in Panik wegen eines Trends, der Ihr Leben und Denken erfasst hat, aber auf Sie eigentlich keine Auswirkungen hat. Glauben Sie nicht, dass Sie krank sind, wenn Ihr Körper normal funktioniert.

Wissenschaftler sprechen bereits vom sogenannten Nocebo-Effekt. Das Gegenteil des Placebo-Effekts. Sie wissen: Der Placebo-Effekt kann zu einer tatsächlichen Heilung führen, obwohl keinerlei hilfreiche Medizin verabreicht wurde. Durch den Nocebo-Effekt können manche Leiden durch eine negative Erwartungshaltung erst entstehen.

Eine gründliche ärztliche Untersuchung kann helfen, die Zweifel aus dem Weg zu räumen. Stellt sich heraus, dass Sie etwas nicht vertragen, verzichten Sie darauf. Ansonsten freuen Sie sich, dass Sie eben nicht wie so viele tatsächlich täglich wegen möglicher gesundheitlicher Auswirkungen aufpassen müssen, nichts Falsches in den Magen zu bekommen.

Machen Sie sich stark, streben Sie Vitalität und Lebensfreude an! Warum sollten Sie Ihrem Körper gegenüber vorauseilenden Gehorsam üben, ohne dass es notwendig wäre? Steigern Sie stattdessen mit der richtigen Dosis Genuss Ihre Lebensqualität.

Freundlichkeit

„Ein nettes Wort zur rechten Zeit …" kann tatsächlich so manch eingefahrene Situation merklich auflockern. Dadurch entkrampft sich nicht nur die allgemeine Stimmung, auch in Ihrem Inneren geht ein Knoten auf, der sich scheinbar unlösbar in Ihrem Hals, Ihrer Brust oder Ihrem Magen festgezurrt hat. Es kostet manchmal Überwindung, solch ein nettes Wort. Doch es macht diese Überwindung tausendmal wett, wenn daraus freundliche Gesichter entstehen. Eine Entspanntheit kehrt ein, die etwa bei Diskussionen neuen Lösungswillen und Kompromissbereitschaft entstehen lässt. Eingefahrene Situationen bilden sich ja meist nicht nur, weil jeder von seiner Meinung und seinem Ansatz so überzeugt ist, sondern auch, weil eine starre Haltung eine starre Gegenhaltung erzeugt. Wenn jeder der Beteiligten der Meinung ist, er müsse sich unbedingt durchsetzen. Sonst sei er vielleicht schwach und zu nachgiebig. Er käme sich als Verlierer vor. Ein reiner Machtkampf.

Kleine Kinder schaffen es oft hervorragend, andere Meinungen zuzulassen. Es ist schön, zuzusehen, wie sie ihre Meinung ändern, aufeinander eingehen, Kompromisse finden – solange sich kein Erwachsener einmischt. Und solange sie nicht der Meinung sind oder sie nicht durch große Vorbilder auf die Meinung gebracht werden, man müsse auf seinem Recht bestehen und dürfe etwa nicht bereitwillig sein Spielzeug verborgen. Doch bald lernen sie genau das und auch sich durchzusetzen um jeden Preis. Auch wenn sie vielleicht nicht recht haben. Denn alles andere wäre eine Niederlage, lernen sie. Doch ist es eine Niederlage, wenn man versucht, auf freundliche Art und Weise Lösungen zu finden? Und dabei auf die Vereinbarkeit der Ansichten von mehreren Menschen achtet? Gemeinsam sind wir im Endeffekt stärker als alleine. Ein Baustein alleine macht noch kein Haus. Sondern viele Bausteine und Handgriffe und Ideen sind dafür nötig.

Zur Freundlichkeit gehört auch, andere Sichtweisen zuzulassen, einzubinden – ja, danach zu fragen.

Das ist der eine bedeutsame Aspekt des Begriffs Freundlichkeit. Der andere ist Ihr persönliches Wohlempfinden. Es ist mittlerweile allgemein bekannt, dass nicht nur die Seele den Körper, dessen Haltung und dessen Befindlichkeit bestimmt. Auch der Körper, unsere Mimik und Gestik drücken auf die Seele. Oder heben sie empor.

Ich habe es in meinem ersten Buch ausführlich beschrieben. Ein

Lächeln, das wir aus uns herausholen, auch wenn es uns schlecht geht, zeigt der Seele: So schlecht geht es dir gar nicht! Alleine die motorische Bewegung der Mundwinkel nach oben signalisiert dem Gefühlszentrum im Gehirn: Ich bin fröhlich. Und wir fühlen uns besser. Und in weiterer Folge erreicht dieses Lächeln unser Gegenüber und es wird zurücklächeln – und das gibt uns die Bestätigung: Das Leben ist schön und wir kommen bei anderen gut an. Es klingt oft so einfach. Aber die Wirkung ist da und sie spiegelt die Wahrheit wider. Denn das Leben ist schön. Wir erleben die Welt in diesem Augenblick, in dem uns nicht nach Lächeln zumute ist, nur nicht so. Doch das Lächeln bewirkt, was viele Psychologen empfehlen: den Blick zu ändern. Wir verschließen uns in diesen Momenten oft ganz bewusst, weil wir keine Lust darauf haben, den schönen Dingen des Lebens entgegenzulächeln. Wenn wir schlecht drauf sind, sind es sicher auch alle anderen. So ist unser Eindruck. Daher murren wir nur, statt zu grüßen und packen unsere Sachen beim Einkauf wortlos mit gesenktem Blick ein. Viel mehr Spaß macht es aber anders.

Es gibt etwa auch Laufgurus, die meinen, man solle den Marathon mit einem Lächeln im Gesicht laufen. Dann würden sich die 42 Kilometer nicht so hart und unmöglich anfühlen. Das probiere ich nicht aus, aber statt zu Hause zu sitzen, hinaus unter Menschen zu gehen und einfach freundlich zu sein, wenn es sich ergibt, ist auf jeden Fall ein ideales Wohlfühltraining! Denn damit sind Sie nicht nur freundlich zu anderen, Sie sind freundlich zu sich selbst.

Leben und leben lassen

Ich möchte in diesem Kapitel auf ein großes Thema in Beziehungen eingehen, das so weit gehen kann, dass sich zwei Menschen, die sich einmal viel zu sagen hatten, sich nicht einmal mehr richtig in die Augen schauen können. Der Grund: Sie denken, der jeweils andere liebe einen nicht mehr. Man wäre nicht gut genug, der Partner wünsche sich eigentlich einen ganz anderen Menschen an seiner Seite.

Doch woher kommt dieses sich selbst abwertende Denken? Warum führt es so weit, dass man möglicherweise nur noch streitet und das Gefühl bekommt, man müsse sich für alles rechtfertigen? Oft passiert das durch das Missverständnis, dass zwei Menschen glauben, durch das Zusammenleben, diese intensive Form der Gemeinschaft, müssten sie eins werden. Weil die Taten des anderen als die eigenen gelten. Wenn man lange zusammen ist, weiß man oft nicht mehr zu unterscheiden zwischen sich, dem anderen und dem Gemeinsamen. Diese Extremform der Empathie wirkt sich negativ aus, weil das Individuelle eines jeden in Gefahr ist. Viele, die in einer fixen Beziehung leben, glauben, ihren Partner kontrollieren zu müssen. Man vermutet, die eigenen Gedanken müssten doch im Partner auch auflaufen. Man denkt, die eigene Einstellung zum Leben müsse doch auch der Partner haben, denn alles andere wäre am Leben vorbei. Man ist gewiss, die eigenen Vorstellungen von der Zukunft wären für den Partner genauso erstrebenswert. Und wenn nicht, dann müsse man ihn eben davon überzeugen. Ihn immer wieder ermahnen. Ja, sogar dazu zwingen. Emotional erpressen. Ihm die eigenen Vorstellungen so lange aufdrängen, bis er entweder resigniert und klein beigibt oder das Weite sucht. Und wir wundern uns dann, wie uneinsichtig dieser Mensch doch ist.

Meiner Meinung nach ist es das Schwerste überhaupt, die große Herausforderung, und gleichzeitig muss es das große Ziel in modernen Paarbeziehungen, ja, in allen zwischenmenschlichen Beziehungen sein, den Partner und seine Mitmenschen so sein zu lassen, wie sie sind. Ihre Meinungen, ihre Ansichten, ihre Lebensweise, ihren Charakter, ihre Wünsche, Ziele und Träume. All das gehört jeweils einem Menschen: Ihnen, Ihrem Partner, Ihrem Nachbarn, Ihren Kindern, Freunden, Kollegen, Onkeln und Tanten. Jedem selbst. Und ich sage bewusst, es ist das Schwerste überhaupt, denn

Sie machen es ja meist nicht bewusst, dass Sie jemandem Ihre Ansichten aufdrängen wollen. Doch ist es für einen selbst oft überraschend, wenn der andere ein und dieselbe Situation so ganz anders sieht. Daran denken wir in dem Moment nicht. Dass dessen Herangehensweise an das Problem so ganz anders ist. Man versucht sich hineinzudenken in den anderen und trotzdem versteht man ihn nicht. Weil man so viele Argumente für die eigene Handlungsweise hat.

Ich kenne das gut. Ich arbeite immer noch intensiv daran, mich in meine Mitmenschen hineinzuversetzen. Mittlerweile freue ich mich regelrecht über eine Meinungsverschiedenheit. Nicht, weil ich so gerne streite. Sondern weil ich das Streiten möglichst in eine an der anderen Sichtweise interessierte Diskussion verwandle. Ich versuche dann, etwa meine Partnerin zu verstehen. Ich versuche draufzukommen, wo ihre Ansicht ihre Wurzeln hat. Was die Unterschiede zu meiner sind, und dabei erkenne ich, dass diese andere Sichtweise genauso ihre Berechtigung hat wie meine. Lasse mich oft sogar überzeugen.

Ich gebe zu, schnell geht dabei nichts. Man muss über die vorgebrachten Erklärungen schon intensiv nachdenken. Es muss auch nicht schnell gehen. Man muss ja nicht immer Meinungsverschiedenheiten in dem Moment, in dem sie aufkommen, sofort klären. Es ist sogar eine gute Maßnahme, wenn sich beide die Argumente erst einmal anhören und erst nach einiger Zeit wieder darüber sprechen. Dann ist der erste Drang, sich durchsetzen zu müssen, abgemildert. Und es geht auf keinen Fall darum, sich gegenseitig umzustimmen und als Sieger hervorzugehen.

Wenn Sie die Ursache eines Streits darin erkennen, dass Sie Eigenheiten oder Herangehensweisen Ihres Partners nicht akzeptieren können, geben Sie die Verantwortung dafür ab! Versuchen Sie nicht mehr, ihn diesbezüglich zu kontrollieren. Zwingen Sie ihm keine eigenen Vorstellungen mehr auf. Ihr Partner ist ein selbstständiger Mensch und es wird niemals funktionieren, einem anderen sein Leben vorzuschreiben.

Stellen Sie sich vor, wie entspannend das sein kann, nicht mehr kontrollieren zu müssen. Sie brauchen sich nicht mehr darum zu kümmern. Wenn Sie sich nicht mehr dafür verantwortlich fühlen, wie ein anderer ist und was er tut, legen Sie unglaubliche Ressourcen für sich selbst frei. Die Beziehung wird entkrampft, locker und frei, weil diese Angst – auf der einen Seite vor Fehlverhalten, auf der anderen Seite vor Maßregelung – verschwindet. Doch das Maß der Liebe wird steigen. Je entspannter man ist, desto mehr positive Emotionen lässt man zu. Das Vertrauen ineinander wächst und man traut sich wieder, sich ehrlich zu sagen, was man auf dem Herzen hat. Ohne Angst haben zu müssen, dass der andere sofort eingeschnappt ist. Sie haben viele Vorteile, diese reinen Liebesbeziehungen ohne gegenseitiges Formenwollen und ohne gegenseitiges Abwerten.

Wenn Sie versuchen, Ihren Partner zu ändern, wird er sich wehren. Ob bewusst oder unbewusst. Das überschattet die Liebe zueinander. Sie hat keinen Platz im Gerangel um Geltungssucht. Und wer weiß, ob Sie den Menschen, wenn er sich tatsächlich Ihnen zuliebe geändert haben sollte, überhaupt noch so begehrenswert finden? Denn Sie haben ihn ja mit dessen Eigenschaften lieben gelernt, bevor Sie begannen, an ihm zu hämmern und zu meißeln. Das Tolle an einem anderen Menschen ist, dass er anders ist. Das ist ja das Faszinierende. Und wir haben die Chance, von dieser Andersartigkeit zu lernen. Die Chance, Eigenschaften, die wir selbst vielleicht verleugnen oder vergraben haben, neu zu entdecken.

Auch wenn Sie schon lange zusammen sind, ist der Blick für das Besondere am Partner, seine Eigenheiten, ja, in unseren Augen möglicherweise sogar Verrücktheiten, das, was wir immer geliebt haben.

Hier ein paar Beispiele, wie sich unser Blick auf die früher geliebten Charakterzüge des Partners verändern kann:

Haben Sie anfangs darüber gelächelt, wie unbekümmert und leicht Ihr Partner durchs Leben geht, kommen Sie vielleicht Jahre später nicht damit zurecht, dass Sie mit ihm die Zukunft nicht planen können und er oft zu spät kommt.

Haben Sie anfangs bewundert, wie zielstrebig Ihr Partner ist, jammern Sie Jahre später darüber, dass er auf die Karriere fixiert ist und wegen der Arbeit wenig zu Hause ist.

Haben Sie Ihren Partner zu Beginn der Liebe wegen dessen sportlicher Figur zum ersten Mal ins Auge gefasst und ihn bei Sportevents angefeuert, halten Sie ihn Jahre später für einen Kulturbanausen, weil er in der Oper nicht still sitzen kann.

Ich muss schmunzeln, wenn ich diese Beispiele schreibe. Es würde noch viele mehr geben. Spielen auch Sie mit diesen Gedanken auf humorvolle Weise: Erinnern Sie sich an Eigenheiten Ihres Partners, die Sie schätzen lernten, als Sie sich näherkamen. Setzen Sie sie in witziger, ironischer Art seinem heutigen Verhalten gleich. Wie in den obigen Beispielen beschrieben. Da können lustige Vergleiche rauskommen. So lustig, dass Sie sie am besten aufschreiben, vielleicht ein Gedicht draus machen und es beim nächsten Geburtstagsfest Ihres Partners vor großer Runde vortragen. Ich verspreche Ihnen, das wird eine gelungene Überraschung.

Und genau diese Eigenheiten sind es, die Sie auch weiterhin lieben können. Wenn Sie keinen neuen Menschen aus Ihrem Partner machen und ihn sich angleichen wollen. Betrachten Sie diese Charakterzüge mit dem gleichen Lächeln und der gleichen Bewunderung wie damals.

Und ja, der Partner wird sich immer die Freiheit nehmen, etwas für sich zu tun, seine Bedürfnisse auszuleben. Nehmen Sie sich auch die Zeit, Ihre Bedürfnisse zu beachten. Ein Schritt von Ihnen Richtung Selbstständigkeit tut auch der Beziehung gut. Und nur so macht das Menschsein Sinn, in unserer zivilisierten Gesellschaft, in der wir die Freiheit errungen haben, sein zu können, wie wir sind.

Eines muss ich an dieses Kapitel noch anfügen. Mein Rat, sein eigenes Wesen nicht hintanzustellen, gilt immer. Den Partner voll anzunehmen, wie er ist, gilt dann nicht, wenn er Ihnen wehtut. Es ist dann keine Liebe mehr im Spiel. Und die Freiheit eines jeden endet dort, wo in die Freiheit und die Würde eines anderen eingegriffen wird.

Den Blick weiten

Sind Sie gerade sehr in sich gekehrt? Weil Sie so viele Dinge beschäftigen? So viele ungeklärte und verzwickte Dinge, die sich wie der Gordische Knoten nicht und nicht lösen lassen? Machen Sie sich für einen Moment davon frei!

Machen Sie Pause und wenden Sie folgende Methode an, die Ihnen helfen soll, von den sich im Kreis drehenden Gedanken wegzukommen:

Gehen Sie hinaus, auf die Straße! Heben Sie den Kopf! Für diese Übung darf das Kinn nie auf Höhe des Kehlkopfes sinken. Atmen Sie ruhig, aber tief und beobachten Sie! Diesmal nicht sich selbst. Beschäftigen Sie sich in den nächsten Minuten nur damit, das Leben zu spüren. Lassen Sie es von außen in sich strömen.

Sie bewegen sich weg von den Belastungen, die in Ihnen rumoren. Sie schenken Ihrem Innersten einen Tapetenwechsel, indem Sie Ihren Blick nach außen richten. Lassen Sie die Probleme Probleme sein und richten Sie Ihr Bewusstsein auf das Geschehen um Sie herum. Auf die Außenwelt, die sich um Sie dreht. Immer weiter und weiter und dabei nichts von den Schwierigkeiten, mit denen Sie zu kämpfen haben, ahnt.

Ihr Bewusstsein liegt jetzt ganz auf Ihrer unmittelbaren Umgebung. Beobachten Sie andere Menschen. Interessiert und neugierig. Denken Sie sich Geschichten dazu aus!

Was haben diese Menschen gerade vor?
Warum machen sie das wohl, was sie gerade machen?
Warum hat es dieser Mann so eilig? Was ist das Besondere an dieser Frau, die den Gehsteig entlangschlendert?

Was arbeitet dieser oder jener?
Wie wohnen sie?
Und an welchen Problemen haben sie zu kiefeln?
Was macht den Passanten wohl Freude und welche Hobbies haben sie?
Nehmen Sie sich Zeit, beobachten Sie das geschäftige Treiben. Das ist jetzt die Zeit, sich dem Augenblick zu widmen und aufzusaugen, was er hergibt. Erkennen Sie darin, wie viele verschiedene Variationen des Lebens es gibt. Erkennen Sie, dass jeder, den Sie beobachten, seine Themen hat, die ihn beschäftigen, und es an einem selbst liegt, sich davon nicht unterkriegen zu lassen. Sondern weiterzumachen.

Aber machen Sie sich selbst ein Bild auf Ihrer Entdeckungsreise und sehen Sie selbst, was es in Ihnen auslöst, wenn Sie mit solch einem offenen Blick in Ihre Umgebung eintauchen.

Das geht natürlich auch in einem Park. Lassen Sie die Atmosphäre auf sich wirken. Sehen Sie sich die Menschen auf der Parkbank an, die Jogger und die, die Hand in Hand dahinschlendern. Jeder hat seine eigene Geschichte. Besonders interessant wird es, seinen Blick zu weiten und dort Neues zu entdecken, wo eigentlich für Sie nichts Neues ist.

Straßenzüge, die Sie selbst schon Hunderte Male entlanggelaufen sind. Viertel, die Sie so gut kennen, dass Sie wie blind daran vorbeigehen. Was soll es schon Neues zu entdecken geben, ist wohl üblicherweise Ihre Haltung. Lassen Sie es einfach wertfrei wirken. Vielleicht bekommen Sie dadurch ein Gefühl, wieder besser ans Leben andocken zu können. Gönnen Sie sich den Eintritt in das bunte Treiben. Nehmen Sie alles auf, bis ins Detail. Beobachten Sie unbeeinflusst und ohne auf der Suche zu sein. Nur beobachten. Aber das mit allen Sinnen.

Lassen Sie den Wind Ihr Haar zerzausen und riechen Sie den Geruch der Gegend, in der Sie gerade sind. Berühren Sie den Stein eines Springbrunnens oder das kalte Metall eines Geländers. Sie schöpfen Kraft daraus, weil Sie sich mitten ins Leben begeben.

Fernab von geistigen Herausforderungen. Erst wenn Sie Kraft getankt haben, widmen Sie sich wieder den Dingen, die Sie noch durchdenken wollten, weil es sie zu lösen gilt. Sicherlich geht auch das dann besser. Oder es ist plötzlich gar nicht mehr so wichtig. Sie werden mit einem anderen Blick darauf und mit neuem Elan das Richtige tun.

Gespür für die Umwelt

Das Leben ist wunderbar vielfältig. Jeder Tag spürt sich anders an. Jeder Mensch ist anders und er reagiert anders. Dadurch ist jede Situation nicht mit einer anderen zu vergleichen. Mit einem sensiblen Gespür für die Vielfältigkeit des Lebens erhalten Sie innere Sicherheit. Eine Sicherheit, die Ihnen Stärke und Selbstvertrauen verleiht. Auch dafür ist das im vorigen Kapitel beschriebene bewusste Beobachten wichtig. Das Wahrnehmen von Begebenheiten und deren Eigenheiten. Wenn Sie durchs Leben hetzen und nicht nach links und nach rechts schauen, wie ein Schlittschuhläufer, der übers Eis kratzt, ohne einmal abzubremsen, werden Sie vermutlich mancher Unregelmäßigkeiten, aber auch der Gesetzmäßigkeiten des Lebens nicht gewahr. Das bewusste Erleben von Begegnungen verleiht Ihnen die Fähigkeit, darauf bewusst zu reagieren.

Wenn Ihnen etwa eine Autoritätsperson gegenübertritt, könnte ohne ein bewusstes Erleben der Situation Nervosität das Kommando übernehmen. Das Hirn schaltet auf Notmodus und es spielen sich nur die ersten, naheliegenden Gedanken in den Vordergrund. Die verfolgen meistens das Ziel, aus der Situation schnell zu entfliehen.

Haben Sie Ihr Selbstbewusstsein aber gestärkt mit einem sicheren Zugehen auf andere Menschen, egal wer und wie sie sind, dann sieht die Sache schon anders aus. Sie sind dann auf jede Situation neu gespannt und gehen nicht vor ihr in Deckung. Mit bewusstem

Erleben und Aufmerksamkeit auf die jeweilige Situation lernen Sie, speziell auf diesen Moment zu reagieren. Nicht möglichst schnell die Sache beenden zu wollen, sondern das Gesagte zu durchdenken und adäquat zu kontern.

Sie ruhen in sich und bleiben selbstsicher, weil Sie eine Neugierde an der Vielfalt und Andersartigkeit des Lebens entwickeln. Damit brauchen Sie sich auch vor ungewöhnlichen Umständen nicht zu fürchten. Sie können nach und nach eine gewisse Scheu ablegen, wenn Sie mit Menschen sprechen müssen, die Sie noch nie gesehen haben und die vielleicht anders sind als Sie. Weil Sie wissen: Jede Sekunde des Lebens hält etwas für uns bereit, das es in dieser Form noch zu erleben gilt.

Das Leben will uns nicht erschrecken. Es will sich präsentieren. Es ist stolz auf sich und zeigt seine Pracht in Form seiner Vielfalt. Lassen Sie die Möglichkeit nicht aus, das Leben kennenzulernen und daran zu wachsen. Denn mit jedem Kennenlernen werden Sie sich gefestigter auf dieser Erde bewegen. Sie halten das Gesehene und Erfahrene in sich fest und lernen immer neu dazu. Bald haben Sie einen Erfahrungsschatz und ein Wissen über Vorgänge im Leben, die Ihnen ungeheure Kraft geben. Weil immer weniger Situationen Sie scheinbar überfallen. Sie finden sich darin zurecht, Sie durchschauen immer mehr Vorgänge im Leben und damit nach und nach das Leben selbst. Und Sie lernen dadurch immer besser, wie Sie damit umgehen.

Wie ein Gärtner nach Jahren genau weiß, welche seiner Pflanzen welche Pflege benötigen, so wird es auch Ihnen mit dem Leben gehen. So lernen Sie die Unterschiede zwischen den Menschen kennen. Und Sie lernen, sich selbst besser zu kennen und Ihr Leben zu steuern. Ich bin mir sicher, auch Sie wollen sich nicht mit jedem, mit dem Sie sich unterhalten, auch auf ein gemeinsames Abendessen verabreden. Aber das Gespräch macht in diesem Moment vielleicht Spaß. Sie wissen aber zu steuern und selbstsicher zu kommunizieren, dass Ihnen der Small Talk genügt. Sie trauen sich auch, Nein sagen. Sie handeln bewusst nach Ihrer eigenen Einschätzung und lassen sich nicht hineinstoßen in eine Situation, in der Sie gar nicht stecken wollen.

Dieses Gespür für die Umwelt trägt also dazu bei, dass Sie ein Gespür für sich selbst entwickeln. Und mit der Vielfältigkeit, über die Sie immer von Neuem staunen werden, sehen Sie: Das Leben ist kein Zwang. Es ist lebendige Entscheidung.

Die Sonne geht auf!

Sofort reagieren

Wie ist das bei Ihnen, wenn sich der erste Anflug schlechter Laune bemerkbar macht? Spüren Sie in Ihrem Mund- und Halsbereich ein Ziehen, sodass Sie die Lippen stärker zusammenpressen müssen? Nehmen Sie vielleicht nach einem nicht ganz so gelungenen Tag das Herannahen trister Gedanken und Gefühle wahr? Achten Sie darauf. Richten Sie Ihre Aufmerksamkeit darauf und richten Sie sich gleichzeitig körperlich auf. Heben Sie Ihren Kopf. Lächeln Sie. Eine Sofortmaßnahme. Und dann reagieren Sie mit weiteren Mitteln darauf und dagegen.

Wenn Sie zum Beispiel nach einem Gespräch mit einem Bekannten bemerken, dass das Gesagte in Ihnen eine Art schwermütige Stimmung auslöst.

Weil er Sie etwa ungewollt an Vergangenes erinnerte. Der Bekannte kennt diesen wunden Punkt Ihrer Vergangenheit nicht einmal.

Oder weil das, was gesagt wurde, in Ihnen Angst vor der Zukunft entfachte.

Wenn Sie wieder einmal merken, heute geht's nicht so flott wie noch gestern, lassen Sie dieses Empfinden nicht weiter in sich einschleichen. So tief, dass es sich breitmachen kann in Ihrem Kopf, in Ihrer Brust, in Ihrem Bauch.

Dieses große Fragezeichen taucht vor Ihrem geistigen Auge auf. Wandeln Sie es um in ein großes Rufzeichen. Alleine indem Sie aufmerksam auf das Hochkrabbeln der ungeliebten Schwermut werden und bemerken, dass aus einem oft kleinen Anlass große und schwere Gefühle in Ihnen wach werden, können Sie schon viel bewirken. Denn mit dieser Bewusstheit geben Sie dem Gefühl keinen Raum. Einem Gefühl, das eigentlich keinen Platz in Ihnen beanspruchen darf, weil es nur auf Eindrücke, die nicht einmal real stattfinden müssen, reagiert.

Gehen Sie kurz durch, was dieses Empfinden ausgelöst hat. Wenn Sie wissen, was es war, können Sie dem auch gleich die entsprechende Bedeutung geben, die es verdient. Etwa: Ach das wieder, das kennst du doch schon. Das ist wieder diese Sache, die dich immer runterzieht. Die Sorge etwa, dass ein Arbeitskollege Ihnen vorgezogen werden könnte, weil Sie von ihm hörten, dass er ein großes Projekt an Land gezogen hat. Dann etwa wissen Sie mit Ihrer vollen Bewusstheit und den Kenntnissen über den Lauf des Lebens, dass Sie dem Arbeitskollegen diesen Fang vergönnen können, weil Sie selbst auf Ihre eigene Weise, ohne Beeinflussung durch andere, Ihren persönlichen Weg gehen und dementsprechend Erfolg haben werden.

Lächeln Sie über sich, weil Sie sich und Ihr Innerstes schon ganz gut kennen und wissen, dass da wieder wer etwas ausgelöst hat, das Sie eigentlich schon lange in die Richtung bearbeiten, dass es für Sie diese beeinträchtigende Wirkung verliert. Weil Sie damit gelassen und wohlwollend umgehen können.

Möglicherweise geraten Sie auch in gedämpfte Stimmung, weil Ihre neue Liebe auf Ihre schriftlichen Nachrichten nur mit knappen Worten reagiert. Lassen Sie diesen gefühlten Mangel nicht tief in Ihr Inneres kriechen. Wo sich Zweifel und Ängste bilden, die nicht zur Situation passen. Wirken Sie dagegen, indem Sie gleich einmal aufhören, jedes Detail, das von außen auf Sie einströmt, zu analysieren.

Werden Sie sich stattdessen klar darüber, dass dieser Dämpfer meist nichts mit dem realen Leben zu tun hat, sondern sich aufgrund Ihrer Unsicherheit, die durch frühere Abweisungen entstanden ist, in Ihnen einnistet.

Wenn Sie den Hintergrund der Problematik festgemacht haben, leiten Sie sofort Gegenmaßnahmen ein. Lassen Sie sich nicht weiter runterziehen in Ihrem kleinen Holzboot, mit dem Sie auf dem riesigen See treiben, bis Wasser eintritt und Sie drohen unterzugehen. Machen Sie stattdessen, was Sie auf wirkungsvollste Weise zurückholt, an das fröhliche, lebenswerte Ufer des Sees, wo die Sonne gerade aufgeht.

Sie kennen sicher bereits Ihre Wohlfühlecken. Lernen Sie neue dazu! Schreiben Sie in den nächsten Tagen und Wochen jeden Einfall auf, der Ihnen geeignet scheint, sich wohl zu fühlen. Jede Idee, die Ihnen Spaß bereiten würde. Jeden Geistesblitz, der in eine Absicht münden kann. Alles, wo sich alleine bei dem Gedanken schon Ihr Herz erwärmt.

Diese Liste könnte so aussehen:

eine Freundin anrufen

in die Sauna gehen - mit Aufguss

einen Nachmittag lang nur meine Lieblingsmusik hören

Stadtspaziergang

ein Glas Rotwein mit der netten Nachbarin trinken

nach Jahren wieder Achterbahn fahren

Spieleabend mit Freunden

ein Bad einlassen (mit viel Schaum!!)

Relax-Yoga

sich wieder einmal ordentlich auspowern

eine Vernissage besuchen

Radtour

Sonnenuntergang am Meer!!! - So bald wie möglich!

im Garten arbeiten

auf einen Gipfel steigen - und danach warmen Kakao auf der Hütte

Kuchen backen

Eislaufen gehen

Ausflug mit der Familie

dieses neue Theaterstück anschauen

etwas nur mit dem Kind unternehmen

ehemalige Klassenkameraden kontaktieren - schon ewig nicht gesehen

Pizza essen

Aus dieser Liste picken Sie sich regelmäßig etwas heraus, das Sie in die Tat umsetzen. Vielleicht sagen Sie jetzt, wie soll ich jetzt sofort einen Spieleabend mit Freunden machen? Alleine ihn zu organisieren, hat schon den gewünschten Effekt.

Wenn Sie möchten, gebe ich Ihnen einen Einblick auf meine Liste:

Mich beruhigt der Blick aufs Wasser. Daher gehe ich zielstrebig an einen See oder Teich und genieße die Stimmung.

Die meditative Stimmung im Wald gibt mir Berge. Und auch in der Höhe, den Wolken nahe, fühle ich mich wohl. Wenn ich daher laufen oder wandern gehe, suche ich mir gezielt einen dichten, ruhigen Wald und fühle mich zwischen den Bäumen eins mit Mutter Natur. Oder ich gehe auf einen Berg und atme tief die klare, unbelastete Luft ein.

Und wissen Sie, was in mir ein wahres Feuerwerk an positiver Energie, Freude und Enthusiasmus auslöst? Ich springe in einen kalten See oder auch einen Fluss. Hat er nur 18 Grad? Oder 20? Ich muss nicht lange drinnen bleiben, aber alleine die Überwindung, die Nadelstiche auf der Haut, wenn ich eintauche, das belohnende Handtuch, mit dem ich mich dann abtrockne. All das verleiht mir sofort einen neuen klaren und lebendigen Blick auf die Welt.

Ich lerne auch gerne Musikinstrumente. Ich beherrsche zwar keines über die Anfängerlektionen hinaus. Aber diese Kenntnisse reichen schon, um es mir mit der Gitarre in meinen vier Wänden gemütlich zu machen und nur für mich ein Lied zu spielen. Ich mache das gerade dann, wenn ich eigentlich keine Lust habe, weil ich gerade nicht so gut drauf bin. Ich spiele mein Lieblingslied, singe dazu und fühle mich beim letzten Takt wie ein neuer Mensch. Musik vollbringt wahre Wunder.

Auch schon beim Anhören meiner Lieblingslieder. Kennen Sie dieses Gefühl, wenn plötzlich einer dieser Songs spielt, bei denen Sie gar nicht anders können, als die Augen zu schließen? Zu genießen. Es geht Ihnen durch Mark und Bein, bis in Ihre Brust. Das Lied, der Refrain öffnet Ihr Herz und Ihre gesamte Gefühlswelt. So äußert sich die Wirkung von Musik spürbar und sie geht noch viel weiter. Sie wirkt auf alle Bereiche des Gehirns, ist direkt verbunden mit unseren Emotionen. Die Hirnregion, die als Belohnungssystem bezeichnet wird, wird mit Dopamin regelrecht überschwemmt. Aber auch alle weiteren Lustzentren, die Musik unbeschreiblich, aber so gefühlsintensiv machen.

Daher vertiefen Sie sich darin. Und wenn Sie nicht nur zuhören, sondern auch noch aktiv mitmachen wollen, legen Sie ein Karaoke-Video auf. Suchen Sie Ihre Songs mit Lyrics auf YouTube und legen Sie los! Singen Sie laut mit! Das macht riesigen Spaß und lässt Ihre Probleme in den Hintergrund treten. Eventuell auch die, mit denen Sie die Wohnung teilen, und Ihre Nachbarn, aber damit kommen Sie klar! Hauptsache, Sie überschütten sich mit Glück, nehmen neuen Kontakt mit sich auf, kommen zu sich und tauchen in eine Welt ein, in der sich alles ein bisschen besser anfühlt.

Das schöne Wunder suchen

Mein Sohn rief begeistert bei einem Spaziergang im Herbst, als direkt vor ihm Blätter vom Baum fielen und zu Boden segelten: „Das ist ein schönes Wunder!" Er lief auf die Blätter zu, lachte und zeigte sie mir. Es war wirklich ein schönes Wunder. Ich musste ihm beipflichten. All diese Wunder befinden sich direkt vor unseren Augen. Wir brauchen sie nur zu erkennen und zu betrachten und schon geht dieses Wunder auf uns über. Unsere Sinne nehmen sie auf. Über die Nervenbahnen werden die Eindrücke ans Gehirn weitergeleitet und lösen dort vielfältige Reaktionen aus. Ein bunter Feuerregen, wenn wir die Zündung zulassen.

All diese alltäglichen Dinge, die für uns oft keinen Reiz mehr haben, können neu mit Sinn gefüllt werden. Wir sehen sie so gut wie nicht mehr, weil wir denken, sie schon zu kennen. Weil wir sie nicht mehr als etwas Besonderes ansehen. Daher gehen wir an ihnen vorbei. Sie gehen an uns verloren, als unbeachtete kleine Wunder.

Dabei gibt es so viele davon. Wir können sie mit unseren Sinnen erfassen. Rahmen wir all die feinen Bilder, denen wir tagtäglich begegnen, ein und erfassen wir deren Schönheit, anstatt sie zu übersehen. Riechen und schmecken wir die Wunder, sodass sie ganz in uns übergehen können und uns mit Glück erfüllen. Ich trage ganz schön dick auf, mögen Sie jetzt meinen. Aber so, wie Sie sich bei dem Anblick eines Sonnenuntergangs fallen lassen können, können Sie es möglicherweise auch beim Anblick von zwei Bienen, die verspielt um die Begonien auf Ihrer Terrasse kreisen. Oder beim Anblick Ihres Partners. Den Sie vielleicht schon länger nicht mehr bewusst und mit der Intensität Ihres Herzens angesehen haben. Oder indem Sie den sonnigen Tag auf sich wirken lassen. An solch einem Tag gibt es Tausende Dinge, die Ihre Seele erwärmen.

Was spricht Sie persönlich an? Was aktiviert Ihre Sinne und leitet die angenehmen Empfindungen in Ihr Inneres, wo es aufgeht, erleuchtet und Sie wärmt? Hat es mit Farben zu tun? Oder mit Düften? Mit Berührungen?

Berühren Sie bei Ihrem nächsten Spaziergang möglichst viel. Erkunden Sie die schönen Dinge mit Ihren Fingerkuppen. Vielleicht gefällt Ihnen dieses Kitzeln auf der Handfläche, wenn Sie über das kurz geschnittene Gras einer Wiese streichen?

Nehmen Sie die Blütenblätter einer Rose oder einer anderen Blume zwischen Zeigefinger und Daumen.

Gehen Sie am Bach nicht nur vorbei, greifen sie ins Wasser.

Und wenn Sie mit Ihrem Partner spazieren gehen, stoppen Sie kurz und legen Sie Ihre Wange an seine.

So kann aus einem normalen Spaziergang eine spannende, sensitive Reise werden, mit der Sie gleichzeitig Ihr Inneres mit dem Äußeren neu verbinden.

Eine Abenteuerreise kann auch das Gesicht eines anderen Menschen sein. Vor Kurzem hat mich ein älterer Herr auf der Straße angesprochen. Er wollte wissen, wo die nächste Telefonzelle ist. Ich musste innerlich schmunzeln. Wer braucht im Handyzeitalter noch Telefonzellen?

Obwohl ich es eilig hatte, wollte ich den Mann nicht einfach stehen lassen. Er erzählte und erzählte. Über sein Berufsleben, dass er schon im Alter von zehn Jahren zu arbeiten begonnen hatte, wie es dazu gekommen ist, dass er in Pension gehen musste, seine Probleme mit den Behörden und deren bürokratische Forderungen. Ich blieb stehen, genoss die Schilderungen, die Einblick in eine Lebensweise gaben, die sich von meiner deutlich unterschied. Und: Ich betrachtete seine Augen, sein Gesicht. Der Mann hatte gutmütige Augen. In seinem Gesicht spiegelten sich die vielen erlebten Jahre wider, auch wenn er für 82 Jahre eine auffallend sanfte und glatte Haut hatte. Die Art, wie er zu mir sprach, ließ erkennen, dass er immer ein offener, herzlicher Mensch gewesen sein muss, der sich seinem Leben, seiner Arbeit widmete, pflichtbewusst und ohne Argwohn stiften zu wollen.

Einem guten Menschen zu begegnen, dessen innere Schönheit zu erkennen und diese auf sich wirken zu lassen, das prägt sich tief in unser Bewusstsein ein. Genauso, wenn wir andere schöne Dinge suchen, erkennen und sie in unser Inneres lassen. Emotional hallt dieser Eindruck noch lange nach und erfüllt uns selbst mit einem Teil dieser Schönheit.

Wir sind selbst Natur. Wir sind eins mit allem, was die Schöpfung hervorgebracht hat. Wir sind nicht einfach Menschen und das andere sind Tiere und dann gibt es noch Bäume, Meere und die Sterne. Das ist alles gemeinsame, atmende Lebendigkeit. Daher dürfen, ja können wir uns nicht abkoppeln von dieser Einheit. Im Gegenteil: Vergegenwärtigen wir sie uns regelmäßig! Indem wir den Kontakt, die direkten Berührungen mit den anderen Elementen unserer Erde ständig erneuern, erneuern wir dieses Gefühl der Einheit. Vergessen wir, uns in Erinnerung zu rufen, welch wichtiger Teil des Gesamten wir sind, vergessen wir das Wunderbare in uns. Vergessen wir, den Kontakt aufrechtzuerhalten, ist es, als trennten wir ein Kind von seiner Mutter.

Jedoch so weit muss es nicht kommen. Gehen Sie hinaus, erleben Sie die Natur bewusst! Berühren Sie Bäume, setzen Sie sich auf einen Stein. Spüren Sie den Wind im Gesicht, der wie eine Botschaft der Schöpfung an Sie sein kann, dass alles in Ordnung ist. Dass die universalen Mächte bei Ihnen sind und Ihnen beistehen. Dass Ihre Wünsche erfüllt werden.

Stellen Sie, während Sie auf einer Wiese stehen oder einen Weg entlanggehen, eine Frage an die Schöpfung, an Gott, an das Universum oder wie Sie die uns alle verbindende Macht nennen wollen. Und dann spüren Sie auf Ihrer Haut, in Ihren Haaren, wie der Wind reagiert. Nehmen Sie die Kommunikation direkt mit Ihren Sinnen wahr. Sie fühlen sich angenommen und beschützt. Ein schönes Erlebnis.

Aber versuchen Sie es selbst und entdecken Sie den Zauber der Natur auf Ihre eigene Art. Die Natur lässt sich nur mit eigenen Augen, dem eigenen Herzen, der eigenen Seele wahrnehmen. Dann entfaltet sie ihre Imposanz, den Stolz, die Macht, die Ausstrahlung, die gegenseitige Bewunderung. Sie öffnen sich für die Natur und die Natur für Sie. Ein wechselseitiges Spiel voller Leben und neuer Eindrücke.

Die Bedeutung der Natur für die eigene Gesundheit beschreibt auch der österreichische Biologe Clemens G. Arvay. Er nennt es den Heilungscode der Natur oder den Biophilia-Effekt. Darin geht er auf die Art und Weise ein, wie in diesem komplexen Lebensraum mit Tausenden Lebewesen kommuniziert wird. Moleküle schwirren umher und enthalten Informationen, die von anderen wiederum entschlüsselt werden. Darunter befinden sich sogenannte Terpene. Das sind die Botschaften, die uns Pflanzen zukommen lassen. Arvay nennt sie die Vokabeln der Pflanzen. Auch Ihr Immunsystem integriert sich in diese Unterhaltung. Es nimmt die Terpene auf.

Denn das Immunsystem kommuniziert nicht nur mit dem eigenen Körper, also im abgeschlossenen System, um die Leistung aufrechterhalten zu können oder Unreinheiten zu bekämpfen. Es tritt auch mit der Außenwelt in Verbindung. Gerade in der Natur also, wo rege Vielfalt und Austausch stattfinden, läuft damit auch unser kommunikatives Immunsystem auf Hochtouren. Es fungiert, so Arvay, wie eine organische Antenne, die „Pflanzenfunksprüche" im Wald auffängt. Und es reagiert darauf. Demnach konnte in Untersuchungen festgestellt werden: Durch den Kontakt mit der Natur steigen die natürlichen Killerzellen in unserem Körper. Das sind Immunkräfte, die gefährliche Feinde, möglicherweise Krebszellen oder Tumore, in uns bekämpfen und töten. Auch Viren werden von ihnen beseitigt. Und das alles, weil wir mit den gasförmigen Terpenen in Kontakt treten.

Unglaublich, oder? Doch Mediziner einer Universität in Tokio haben herausgefunden, dass ein ausgedehnter Waldspaziergang die Killerzellen um fünfzig Prozent vermehrt und sie aktiver macht. Nach zwei Tagen im Wald sind es sogar um siebzig Prozent mehr. Und das ist noch nicht alles, auch das Herz wird geschützt, weil mehr Herzschutzhormone produziert werden.

Wenn das keine schlüssigen Argumente sind, uns trotz Stadtverbundenheit und Liebe zu Einkaufsstraßen an unsere Verbindung zur Natur zu erinnern und uns ihr vermehrt zuzuwenden?

Neben Wanderungen mit der Familie und Freunden ist es auch

wichtig, zwischendurch immer wieder einmal alleine hinauszugehen. Ihre ganz persönliche Verbindung mit der Natur wird erst dann so richtig erneuert und gestärkt. So bekommen Sie diesen göttlichen Aspekt der Natur in reinster Form zu spüren. Anders, als wenn Sie während des Schlenderns zwischen jahrhundertealten Eichen mit jemandem über Alltagsthemen reden.

Wir sind Gemeinschaftswesen, doch unsere ureigenste Kraft, die direkt der Natur entstammt, steckt in uns selbst. Daher brauchen wir auch die Einsamkeit, um unseren Ursprung wiederzuerkennen. Als sensitive Wesen integrieren sich alle Schwingungen, die nicht aus uns selbst kommen, in unsere eigenen und beeinflussen diese spirituellen Momente der Annäherung. Also eben die Schwingungen, die von anderen Menschen ausgesendet werden und sich mit unseren überlagern. Doch bei der Einswerdung mit der Natur stehen die Schwingungen der nichtmenschlichen Lebewesen im Mittelpunkt.

Es hat schon einen Grund, warum alte Bergkameraden als besonders schweigsam gelten. Sie wissen schon, wie man Natur erlebt, wie man ihr gegenübertritt. Und wie man ein Teil von ihr wird. Jeder, der sich in die Natur begibt, in sie hineinlauscht, sich mit der Zeit in diese Allmacht einfügt, merkt, dass er unabdingbar dazugehört. Manche haben den Kontakt abgebrochen, während andere in einer intensiven Liebesbeziehung mit der Natur stehen. Wenn man so weit ist, will man nur noch spüren und nicht mehr reden. Will sich wieder und wieder auf die Natur einlassen und diese starke Verbundenheit spüren.

Gehen Sie daher Pfade, wo nicht die gesamte Stadtbevölkerung ihren Sonntagsausflug macht. Auch an Tagen, an denen das Wetter nicht so einladend ist und daher viele zu Hause auf der Couch bleiben, lässt es sich herrlich und in aller Ruhe draußen wandern. Gerade dann tauchen Sie in ein Ambiente der Natur ein, das eine besondere Mystik und Erhabenheit vermittelt.

Wenn Ihnen gerade zu Beginn, trotz aller positiven Versprechungen, nicht wohl dabei ist, sich ganz alleine auf dieses Erlebnis einzulassen, dann machen Sie es zu zweit – aber mit jemandem, der den gleichen Rhythmus hat und dieses Gespür für die Natur, oder zumindest den Willen, sich Ihnen mit dem Ziel anzuschließen, sich mit allen Sinnen und offenem Wesen mit der Natur zu vereinen.

Sich Neues trauen

Ich habe vor einiger Zeit etwas probiert, das ich davor nur vom Hörensagen kannte: Yoga. Im Speziellen: Bikram Yoga. Mir hatte schon vor einiger Zeit eine Freundin davon erzählt. Jetzt wollte ich das auch einmal kennenlernen. Bikram Yoga ist eine Yoga-Methode, die in einem ungefähr 38 Grad Celsius warmen Raum praktiziert wird. Ein Einblick in eine neue Lebenswelt. Es war Anfang Jänner, als ich in ein Yoga-Studio ging, um ein komplett neues Terrain zu betreten. Ich habe mir, schon im Hinblick auf dieses Buch, Notizen gemacht, um Ihnen beschreiben zu können, wie es mir mit diesem Einstieg in Unbekanntes ergangen ist. Der Empfang bei der Anmeldung war sehr freundlich. Das war für den Beginn schon wichtig. Herzlich aufgenommen zu werden, erleichtert den Einstieg. Ich musste mir ja auch alles erst erklären lassen, eine Matte ausborgen und die Räumlichkeiten erforschen.

Als ich zum ersten Mal in den geheizten Trainingsraum ging, schlug mir eine Hitzewelle entgegen. Meine Güte, war es heiß da drinnen. Ich bin gleich wieder raus und habe mir im vergleichsweise kühlen Vorraum einen Tee gegönnt. Erst einmal innerlich erwärmen.

Das hätte ich nicht gedacht. Ich gehe gerne in die Sauna – bei 90 Grad. Dass sich schon 38 Grad so warm anfühlen, hat mich überrascht. Es war richtiggehend unangenehm. Schon stellten sich die ersten blockierenden Gedanken ein: Vielleicht hätte ich doch das andere Yoga machen sollen. Das mit normaler Zimmertemperatur. Aber gut, jetzt war ich schon da, wieder rein, guten Mutes, ich halte das jetzt aus. Wäre ja ziemlich schwach, schon nach fünf Minuten aufzugeben.

Aller Anfang ist schwer

Dass ich zum ersten Mal Bikram Yoga machte, war für jeden Anwesenden sofort erkennbar. Ich war der einzige Mann, der ein Sport-T-Shirt anhatte. Ich hatte natürlich draußen im Vorraum die nackten Oberkörper der Männer schon bemerkt. Aber erst als mein Shirt komplett durchgeschwitzt war und auf der Haut klebte, wusste ich, warum die anderen gleich gar nichts angezogen hatten.

Die ersten Übungen fand ich interessant. Ich begann mich darauf einzulassen und mich auf die Ausführung zu konzentrieren. Ich war neugierig und gespannt auf jede Bewegung, die man machen musste. Ich versuchte zu identifizieren, welche Muskeln gedehnt oder beansprucht werden. Aber es war gleichzeitig sehr ungewohnt und daher sicher noch anstrengender als für die Teilnehmer mit Routine.

Ich kontrollierte ständig mit Blick auf die Yogis neben mir, ob ich richtig verstand, was von der Trainerin vorgegeben wurde. Denn das war ebenfalls nicht einfach: den Anweisungen der Trainerin zu folgen. Als Neuling, für den vieles nicht verständlich war. Daher drängte sich mir immer wieder die Frage auf: Was mache ich hier eigentlich?

Es wurde immer heißer und ich wich mit meinen Gedanken von den Lektionen ab und überlegte, ob es nicht in einer anderen Yoga-Schule besser gewesen wäre. In einer, in der es nicht so heiß ist. Wo es auch ruhiger ist, mit angenehmer Musik und Rauchstäbchen-Duft. Und wo nicht so viel gesprochen wird. Warum tue ich mir das hier überhaupt an? Zu Hause wäre es doch viel gemütlicher. Oder bei einem Kaffee mit Freunden.

Der innere Abwehrmechanismus war voll im Gange. Doch ich blieb dabei. Wäre ja auch sehr seltsam gewesen, während der Klasse aufzustehen und rauszugehen. Und noch dazu wäre es eine Niederlage vor mir selbst gewesen. Die neunzig Minuten gingen vorbei. Ich machte alle Übungen mit, mit dem Willen, sie so gut wie möglich zu machen und die Wirkung auf meinen Körper zu spüren. Die Entspannungsphase war dann das Highlight. Währenddessen war ich sogar ein bisschen stolz auf mich. Und nach der Dusche, am Heimweg, wusste ich, dass ich bald wieder hingehe. Zu Bikram Yoga. Am besten schon am nächsten Tag. Denn das erste Mal ist nichts.

Wenn man nach dem ersten Mal aufhört, hat man gar nicht begonnen. Nach dem ersten Mal kann man etwas durchaus ablehnen, aber kein profundes Urteil darüber fällen. Daher war ich auch nach diesem ersten Tag sicher: Ich werde es nochmal probieren.

Werden Sie Teil der Gemeinschaft

Schließlich wollte ich ja auch noch von den anderen Teilnehmern herausfinden, was sie so an dieser Trainingsform begeistert. Mit anderen Teilnehmern Kontakt zu knüpfen, hilft auch, jedes ungewohnte weil neue Terrain schneller für sich zu erschließen. Anfangs kennt man sich nicht aus und weiß nicht, wie die anderen drauf sind. Man will auch in kein Fettnäpfchen treten.

Daher ist dieses erste Herangehen und damit Aus-sich-Herausgehen durchaus eine Challenge. Oder fällt Ihnen das leicht? Es besteht doch eine gewisse Distanz, die man anfangs überbrücken muss. Es nistet sich in einem vielleicht sogar das Vorurteil ein, das sei eine eingeschworene Truppe, sie würde keinen Neuling akzeptieren. Wie würden die Alteingesessenen reagieren? Ich kann es Ihnen sagen: Sie werden positiv reagieren. Erstens sind nicht alle Anwesenden alte Profis. Auch unter ihnen sind ziemlich sicher einige zum ersten oder zweiten Mal in dem Studio. Und auch die, die dort schon länger trainieren, sind immer froh über frischen Wind und neue Leute. Durchbrechen Sie die Blase der Unsicherheit mit kommunikativen Mitteln! Die anderen wollen auch nicht stumm bleiben.

Mir ist zum Beispiel etwas von einem Hocker gefallen. Ein launiger Satz dazu, schon spürt man bei den Anwesenden die Erleichterung. Endlich gibt es die Möglichkeit, sich zu regen, zu lachen, etwas darauf zu sagen, zu reagieren. Die Unsicherheit aufzubrechen. Auch auf die Frage: „Wie lange machst du das schon?" wird sich sicher ein kurzer Talk ergeben. Das erste Band ist geknüpft. Nach der Stunde fragt man sich dann gegenseitig, wie es dem jeweils anderen im Training ergangen ist.

In diesen Gesprächen wird man von den alten Hasen meist aufgemuntert. Sie machen einem Mut. In meinem Fall und meiner Yoga-Erfahrung etwa erfuhr ich nach der ersten Einheit, dass man erst so richtig Spaß an der Sache hätte, wenn man solch eine Klasse zehn Mal absolviert hätte. Dann würde sich der Körper daran gewöhnen. Dann würde es auch mehr und mehr zur Normalität für den Körper, den Geist, das Empfinden werden.

Das ist ja bei uns Menschen allgemein so: Wir lehnen Dinge ab, weil sie sich aus fehlender Gewohnheit seltsam anfühlen. Dann werden sie mit der Zeit zur Gewohnheit und wir beginnen uns darin wohl zu fühlen. Irgendwann werden wir sie nicht mehr los.

Diese aufmunternden Gespräche jedenfalls hatten zwei positive Effekte, die mich motivierten: Ich wollte wissen, ob es stimmt, dass man diese Verrenkungen irgendwann als angenehm empfinden kann, und beim zweiten Mal kannte ich dadurch bereits einige Teilnehmer. Die Begrüßungen wurden herzlicher, ich kannte mich mit den Gepflogenheiten aus und schon war ich ein Stück weit hineingerutscht, in dieses vorher unbekannte Gebiet.

Erfolg macht Sie sicher

Doch das verhinderte dennoch am zweiten Tag Bikram Yoga nicht ein ähnlich mulmiges Gefühl wie am ersten Tag. Wie wird es heute werden? Was erwartet mich heute? Ein anderer Trainer steht am Plan. Werden dieselben Leute da sein wie am Vortag? Soll ich mir wirklich wieder die neunzig Minuten in der Hitze antun? Beim

Training selbst war auch eine gewisse Grundspannung weg. Ich war nicht so konzentriert wie noch in der vorangegangenen Einheit. Die Übungen fielen mir schwerer.

Vielleicht ist das derselbe Effekt wie am Theater, wo man sagt, dass die zweite Vorstellung immer die schlechteste ist. Weil nach der Premiere, auf die sich die komplette Aufmerksamkeit konzentriert, die Anspannung weg ist und möglicherweise die Kraft für eine Vorstellung gleich am nächsten Abend fehlt.

Andererseits ist diese zweite Stunde für mich schneller vergangen. Vielleicht weil ich schon ungefähr wusste, was mich erwartet. Ist bei Bikram Yoga der Ablauf ja doch immer derselbe.

Erst am dritten Tag hat sich dann die Routine etwas gezeigt. Ich konnte mich sehr gut auf die Übungen konzentrieren. Ich bin schnell in eine ausgeglichene Stimmung gekommen, obwohl viel los war und wir mit den Matten eng aneinanderrücken mussten. Auch meine Scheu war komplett verflogen. Erste Erfolge im Vergleich zu den Vortagen stellten sich ein: Bei einer Atemübung habe ich zum ersten Mal erkannt, wie sie gemeint war und richtig ausgeführt wird.

Auch die Ansage der Trainerin war mir nun verständlicher. Und sogar hilfreich, weil sie deshalb so viel redete, um kein Detail der Übung auszulassen, und sie gleichzeitig die Haltung verbal korrigierte. Insgesamt konnte ich mich aufs Training einlassen. Es fühlte sich an, als würde es schon zu meinem Tagesablauf dazugehören.

So konnte ich schon bald behaupten, ein regelmäßiger Yoga-Praktizierender zu sein. Im Studio kannte ich eine Handvoll Teilnehmer, die regelmäßig kamen. Die Stunden empfand ich als angenehm und ich freute mich darauf.

Als der Frühling kam und es draußen wärmer wurde, schwand die Lust, mich in den heißen Trainingsraum zu stellen. Im Endeffekt fühle ich mich in der freien Natur wohler und besser aufgehoben. Auch bin ich nicht der Typ, der sich auf eine Tätigkeit versteift. Ich probiere dann gerne wieder etwas anderes aus, das ich noch nie gemacht habe. Neben meinen Grundsportarten wie Laufen, Schwimmen und Krafttraining für den Bewegungsapparat.

Yoga betreibe ich aber immer noch. Auch wenn es kein Bikram mehr ist. Ich habe für mich entdeckt, dass Yoga-Methoden, die noch mehr auf gezielte Kräftigung ausgelegt sind, aber nicht unbedingt so lange dauern, mir langfristig mehr Spaß machen. Den Ausschlag für diese Bereicherung meiner körperlichen Aktivitäten hat aber der Einstieg in Bikram Yoga gegeben. Eine Sportart, die ich noch vor einiger Zeit nicht einmal in Betracht gezogen hätte.

Verausgaben Sie sich

Wechseln wir wieder von intensiven Übungen für das körperliche Wohlbefinden zu unserer beruflichen Welt. Lassen Sie sich nicht nehmen, auch hier aus Ihrer Komfortzone zu steigen! Das kann Sie hervorragend aus einer Phase, in der Sie Sinnleere verspüren, herausholen. Wenn Sie Lust haben, alles zu geben, was Sie zu leisten imstande sind, dann los! Wir sind belastbar. Wir müssen uns nicht immer nur schonen. Wir müssen für unser Wohlbefinden auch einmal auf Hochtouren laufen. Wehren Sie, wenn Sie dazu bereit sind, große Herausforderungen nicht ab. Stürzen Sie sich hinein. Haben Sie Spaß daran, alle Kräfte zu mobilisieren, um etwas zu erreichen.

Wenn Sie in der Arbeit einmal eine Nacht durcharbeiten müssen, damit das Projekt am nächsten Tag keinen Flop erlebt, und Sie Ihre Arbeit lieben, dann machen Sie das. Für sich da zu sein, heißt nicht, keine Mühen auf sich nehmen. Es gehört zu unseren Eigenschaften und Bedürfnissen, auch etwas zu leisten. Nicht nur jeden Tag im Wald spazieren zu gehen. So gern ich und vielleicht auch Sie das machen.

Dieses Gehen an seine Leistungsgrenzen darf ja auch nicht ständig sein, aber wenn Sie nicht mehr wissen, wann Sie das letzte Mal alles gegeben haben, dann nehmen Sie sich eine Herausforderung bewusst vor und holen Sie alles aus sich heraus.

Das kann sehr befriedigend sein. Vielleicht wollen Sie endlich einmal abarbeiten, was sich schon seit Monaten anhäuft. Vielleicht wollen Sie sich einmal intensiv, ohne ständige Unterbrechungen ganz auf Ihre Aufgabe konzentrieren. Für Selbstständige ist es, wenn es um die eigene Firma geht, logisch, den Feierabend in produktive Arbeitsstunden umzuwandeln. Aber auch, wenn es nicht für die eigene Firma ist, können Sie Außergewöhnliches bewerkstelligen. Weil es Spaß macht, hin und wieder die Grenzen auszuloten.

Auch im privaten Bereich: Bereiten Sie ein Fest für Ihre Freunde und Nachbarn vor. Machen Sie das aber nicht, um Anerkennung von außen zu erlangen, sondern für sich selbst.

Auf Dauer ist es nicht befriedigend, nur den bequemsten Weg zu gehen. Wenn Sie sich etwa vor der Arbeit scheuen, dann machen Sie wohl nicht die richtige Arbeit. Ein Vergleich mit dem Sport: Nur weil jemand nicht gerne Laufen geht, heißt das nicht, dass er nicht sportlich ist. Radfahren, Tennis oder Handball könnte er möglicherweise jeden Tag betreiben.

Nur den bequemsten Weg zu gehen, ist deshalb keine Lösung, weil es uns Menschen erfüllt, sich auszuprobieren. Erst dann bekommen Sie das Leben zu spüren. Es liegt nicht in der Natur des Menschen, Tag für Tag ungenutzt verstreichen zu lassen.

Stattdessen hält bei gezielten einmaligen Leistungen der Stolz auf sich noch lange an.

Ich habe für einen Privatsender, der kurz nach Sendestart um Zuschauer und Geld gekämpft hat, einmal auch 26 Stunden lang durchgearbeitet. In dieser Zeit haben wir generell viel gearbeitet. Doch diese 26 Stunden hat niemand von mir verlangt. Mich haben zwei verschiedene Projekte interessiert und daher war es für mich selbstverständlich, meine Zeit damit zu verbringen, als sie zeitlich aneinanderstießen. Ich begann meinen Dienst also um neun Uhr vormittags und bin am nächsten Tag um elf Uhr vormittags stolz nach Hause gefahren und war überglücklich.

Und gerade, wenn Sie vielleicht zur Zeit an sich zweifeln, überhaupt etwas zuwege zu bringen, ist dieser herbeigerufene Ansporn, etwas zu leisten, sich voll auf diese eine Sache zu konzentrieren, eine mögliche Antwort darauf. Zumindest, um auf andere Gedanken zu kommen. Wenn Sie es dann so schnell wie möglich wiederholen wollen, dann wechseln Sie unbedingt die Art der Herausforderung.

Also einmal eine tolle körperliche Leistung, dann bekochen Sie Ihre Familie mit einem sechsgängigen Menü und dann arbeiten Sie mal in die Nacht hinein. Und dann ist es auch wieder gut und Sie legen einen niedrigeren Gang ein. Denn Körper und Geist brauchen Regeneration. Und je höher die Belastung, desto länger muss die Pause dazwischen sein.

Denn ebenso wie man beim Sport nicht nur sprinten kann, kann man auch bei anderen Beschäftigungen nicht ständig Vollgas geben. Wenn Sie sich dann sogar dazu zwingen müssen, es zur lästigen Pflicht wird, weil Sie es gar nicht mehr anders kennen, dann wird es zur Qual. Die eigenen Grenzen sind dazu da, erkannt, auch einmal ausgereizt, aber nicht, fortwährend überstrapaziert zu werden.

Hoher Puls für Lebensfreude

Viele Beispiele in diesem Buch stehen ohnehin mit Sport in Verbindung. Weil sich die Eigenschaften der körperlichen Belastung sehr gut mit Belastungen im Alltagsleben vergleichen lassen und sie dadurch greifbar und verständlich werden. In diesem Kapitel aber sollen die Auswirkungen von Sport auf Körper und Geist Thema sein. Und damit dessen wichtige Funktion für Zufriedenheit. Sport ist eine der wirksamsten Methoden, damit es Ihnen sofort besser geht.

Wenn Sie nicht wissen, welche Sportart für Sie die richtige ist, vergleichen Sie einige miteinander, die Ihnen gefallen würden. Und dann nehmen Sie sich eine nach der anderen vor. Es muss nicht

Laufen sein, wenn Sie das nicht wollen. Und Sie müssen nicht stundenlang am Fahrrad sitzen. Aber Sie finden sicher etwas, das Ihnen so viel Spaß macht, dass Sie sich leicht dafür motivieren können.

Und dann füllen Sie sich mit Sauerstoff! Pumpen Sie Luft in Ihre Lungen, bringen Sie Ihren Kreislauf in Schwung, beschleunigen Sie das Blut in Ihren Adern! Bringen Sie sich durch eine Bewegungseinheit auf Touren, die Ihrer Leistungsfähigkeit angemessen ist, Sie aber fordert und Ihren Puls in die Höhe treibt. Aktivieren Sie gezielt Ihre Muskulatur und zeigen Sie ihr und auch Ihren Sehnen, Bändern und Ihrem Hautgewebe, dass sie nicht unnütz den Körper zusammenhalten. Dass sie gebraucht werden. Ihr Körper braucht Sie! Er ist wie ein junger Hund, der nach dem Stock laufen will. Er ist wie eine Katze, die der Stoffmaus hinterherjagt.

Doch wenn er nur in der Ecke in seinem Körbchen lungert und nicht beachtet wird, wird er traurig und lässt sich hängen. Aktivieren Sie bei einer Bewegungseinheit in der Natur alle Sinne! Nichts kann Ihnen so viel Lebensmut und Lebenskraft geben, wie wenn Sie zuallererst sich selbst zeigen: Ich bin hier! Ich bin hier auf dieser Welt! Weil ich mich aufraffe. Weil ich für mich sorge. Weil ich meinem Körper seine Daseinsberechtigung gebe.

Für das Sitzen auf dem Sofa bräuchten wir die meisten Teile unseres Körpers nicht. Das würde Energie sparen. Doch wir sind energetische Wesen und wir sind physische Wesen! Und beides hängt miteinander zusammen. Der Energiefluss funktioniert nur in einem gesunden, vitalen Körper perfekt. Physische Blockaden durch Untätigkeit wirken sich auf unsere Energie und unseren Geist aus.

Und damit sind wir beim unmittelbaren Zusammenhang von Sport und Ihrem Wohlbefinden. Stellen Sie sich vor, welche tollen Auswirkungen regelmäßige Bewegung auf Sie hat. Das wird Sie zusätzlich motivieren.

Die Wirkung des Sports ist vielfach beschrieben: Sport aktiviert die Selbstheilungskräfte des Körpers. Sport hemmt die Entwicklung von Botenstoffen, die Entzündungen, Gefäßerkrankungen, aber auch Diabetes hervorrufen können. Sport schützt Ihr Herz.

Ein sportliches Herz kann durch den Aufbau des Herzmuskels bei weniger Anstrengung mehr leisten. Das Herz-Kreislaufsystem erhält Power und Stabilität. Auch die Knochen werden stärker und stabiler, wenn Sie regelmäßig sportlicher Belastung ausgesetzt werden. Dadurch werden sie angeregt, neue Knochensubstanz zu bilden. Was Osteoporose vorbeugt.

Obwohl sich schon so viele positive Faktoren für die Gesundheit durch Sport feststellen lassen, ist die gesamte und vielfältige Wirkung von Sport noch immer nicht vollständig erfasst. Laut Wissenschaftlern helfen all die verschiedenen Varianten, Sport zu betreiben, gegen viel mehr Krankheiten, als derzeit nachgewiesen ist.

Nicht nur körperlich leistet Sport Unmengen: Durch die stressabbauende Wirkung werden Sie auch psychisch belastbarer und robuster. Natürlich werden Sie glücklicher. Das spürt man schnell, wenn man sich nur eine Stunde lang in schnellerem Tempo bewegt. Oder auch seine Muskeln im Krafttraining voll fordert. Körpereigene Substanzen wie Endocannabinoide versetzen Sie in einen Rauschzustand. Ebenso Botenstoffe wie Serotonin, Dopamin, Adrenalin und Noradrenalin, die Ihre Stimmung aufhellen.

Daher machen Sie Gebrauch von diesem einfachen wie wirksamen Weg, Ihre dunklen Wolken zu vertreiben! Bewegen Sie sich, gehen Sie eine Partnerschaft mit Ihrem Körper ein und seien Sie für ihn da. Machen Sie es in einem Umfang, bei dem Sie sich wohl fühlen und stolz sein können auf sich. Belügen Sie sich nicht selbst durch Unterforderung und seien Sie nicht unfair zu sich durch dauerhafte Überforderung.

Doch Achtung: Es kann sein, dass Sie in Ihre Trainingseinheiten regelrecht hineinkippen. Das passiert oft, wenn man erst einmal vollgepumpt ist mit Glückshormonen und Erfolge sieht. Intensive sportliche Phasen sind wertvoll, aber Sport sollte nicht so weit gehen, dass Sie nur noch Augen für Ihre Pulsuhr haben, die noch schwereren Gewichte auf der Langhantel anpeilen oder Sie eine Lektion nach der anderen Ihrer Workout-Videos durchboxen, obwohl Ihnen schon alles wehtut.

Ehrgeiz ist gut und macht den Menschen in seiner schöpferischen Kraft aus. Doch Bewegung und Sport sind mehr. Sie sollen Ihnen etwas geben, abseits von Rekorden. Sie sollen Ihnen Freude geben und eine Brücke bilden von Ihnen selbst zu einer Vertrautheit mit Ihrem Körper. Ihr Bewusstsein für Geist und Körper verbindet Sie mit allem um Sie herum. Denn Sie sind die Welt. Und die Welt sind Sie. Das lässt sich nicht trennen.

Wenn ich sage, beschäftigen Sie sich mit sich, hören Sie in sich hinein, werden Sie irgendwann die Untrennbarkeit Ihres Ichs mit der Umwelt erfahren. Denn die Umwelt umgibt Sie nicht nur. Sie hängt unmittelbar mit Ihnen zusammen. Daher rennen Sie, wenn Sie regelmäßig durch Bewegung Ihrem Körper seinen Anteil am Leben gewähren, wenn Sie seine Daseinsberechtigung achten, nicht rein messbarer Leistung hinterher. Auch ein Lauf mit halbem Tempo ist wichtig. Ein Lauf, der dem Außenbereich Ihres Ichs gewidmet ist. Bei dem Sie sich Zeit nehmen, zwischendurch an Blumen zu riechen und nicht erbittert daran vorbeizuhetzen.

Es soll sich gut anfühlen, wenn Sie ohnehin keine Sponsoren im Hintergrund haben, die Sie antreiben. Sie machen es für sich. Sie gehen so weit Sie wollen. Solange Sie es ehrlich machen.

Verbissen und den Tränen nah schmälert die Wirkung von Bewegung nicht nur. Ihr Körper und auch Ihr Unterbewusstsein merken sich diese negative Erfahrung. Die beiden werden Sie das nächste Mal davon abhalten. Genauso wie Ihr Körper und Ihr Unterbewusstsein reagieren, wenn Sie zu viel arbeiten. Auch dann werden sie versuchen, Sie zu bremsen.

Suchen Sie sich also unter den Tausenden Möglichkeiten, Sport zu machen, Ihren biochemischen Jungbrunnen aus und entfalten Sie all Ihre Kräfte darin.

Machen Sie Ordnung

Sie sind in einer Belastungssituation, deren Pegel am oberen Ende steht? Sie wissen nicht mehr, worum Sie sich zuerst kümmern sollen, Ihr seelisches Gleichgewicht kippt über und Sie fühlen sich psychisch vollgestopft? Die Unruhe in Ihnen füllt Sie komplett aus? Nichts hat mehr Platz, sie haben keinen Kopf mehr für Neues? Wenn Sie in einer Phase stecken, in der Ihnen alles zu viel wird, räumen Sie auf!

Dieses Gefühl lässt sich vergleichen mit äußerlicher Unordnung. Alles liegt in der Gegend herum und der Unrat verschwimmt Ihnen schon vor den Augen, wenn Sie nur daran denken, ihn zu beseitigen. Weil Sie nicht wissen, wo Sie anfangen sollen, und sich nicht vorstellen können, dass Sie jemals damit fertig werden. Was der Umgang mit beiden, mit seelischer und weltlicher Unordnung, gemeinsam hat: Sie schieben deren Beseitigung immer wieder vor sich her und legen gleichzeitig weitere Teile auf den größer werdenden Haufen.

Kurzfristig, also jetzt sofort, können Sie Abhilfe schaffen, indem Sie sich nicht mit allem gleichzeitig beschäftigen. Sie sich nicht den gesamten Erledigungsberg vor sich anschauen. Arbeiten Sie Stück für Stück der Verpflichtungen ab.

Sie werden sehen, es ist effektiver, wenn Sie sich aufraffen und sich auf eine bestimmte Sache konzentrieren. Gehen Sie sie an! Setzen Sie sie endlich in die Tat um! Beenden Sie, was schon lange unerledigt auf Ihr Gewissen drückt.

Was könnten das für Dinge sein? In der Arbeit ist es oft einleuchtend, nach und nach abzuarbeiten, was noch offen ist.

Wenn Sie privat nicht mehr wissen, wo Ihnen der Kopf steht, ist es oft hilfreich, tatsächlich etwas zusammenzuräumen: Ihren überbordenden Keller beispielsweise. In solchen Situationen tatsächlich Ordnung zu machen, ist von unschätzbarer Wirkung.

Eine Freundin hat mir gerade erst erzählt, wie glücklich sie war, nur weil sie am Wochenende ihren Kühlschrank sauber geputzt hat.

Sie sagte, sie war danach „voll happy" und hat sich jedes Mal gefreut, wenn sie die Kühlschranktür geöffnet hat. Ist doch eine tolle Sache. Man muss nur den Kühlschrank öffnen und schon macht das Herz einen Freudensprung.

Wenn alles sauber und zusammengeräumt ist, ist der nächste Teil Ihres Belastungsberges dran. Wenn Sie dann all das hinter sich haben, was Ihnen die Freude am Tag genommen hat, blicken Sie wieder leichter durch und die Alltagsaufgaben lassen sich wieder leichter sortieren.

Wenden Sie sich dann Dingen zu, die Ihnen wirklich wichtig sind. Stellen Sie Ihre Priorität von Pflichterfüllung auf „Jetzt bin ich dran!" Das haben Sie sich verdient. Vielleicht starten Sie die Recherche für ein Projekt. Für eine Herzensangelegenheit, die Ihnen seit ewigen Zeiten unter den Fingernägeln brennt. Machen Sie Ihre eigenen Anliegen zu den dringlichsten Aufgaben.

Sehen Sie diesmal nicht, was von außen auf Sie einströmt, als Wichtigstes an. Die Überforderung stellt sich ja meist deshalb ein, weil wir nicht für uns selbst da sind und nicht unseren Vorlieben folgen. Wenn wir uns von außen antreiben lassen und unsere eigenen Bedürfnisse unter den Zahnrädern der redlichen Betriebsamkeit zerrieben werden. Wenn wir die Kontrolle über unser eigenes selbstgetriebenes Wirken verlieren.

Denn, wenn wir etwas wirklich wollen und unser Leben für uns und geführt von unserer Leidenschaft und Begeisterung gestalten, gibt es diese leidliche emotionale Verstopfung nicht. Dann widmen wir uns mit voller Aufmerksamkeit und aller Energie diesem Thema und werden mehr und mehr beflügelt, statt stumpf abgebremst und entmutigt.

Wenn es auch nur darum geht, den Keller aufzuräumen, machen Sie es doch für sich und machen Sie es in Ihrer eigenen Geschwindigkeit. Nehmen Sie sich dafür Zeit und setzen Sie jeden Handgriff bewusst. Schalten Sie auch bei solchen Arbeiten alle Hektik aus. So toll das Gefühl ist, wenn der Keller leer und all die alten, unbrauchbaren Sachen weggeschafft sind, übersehen Sie währenddessen nicht, den Prozess mit Achtsamkeit und in aller Ruhe durchzuführen. Es geht auch um den Weg, nicht nur um das Ziel.

Sind Sie damit fertig, haben Sie die Bestätigung, auch eine große Unordnung beseitigen zu können. Sie bemerken wieder, dass kleine Schritte zum Erfolg führen, auch wenn es anfangs noch so aussichtslos erscheint. Praktizieren Sie dieses „Sachen anpacken“ immer und immer wieder.

Es braucht immer den ersten Schritt

Praktizieren Sie das auch mit Neuem. Ihnen ist sicher schon oft aufgefallen: Wenn Sie den ersten Schritt in einer Angelegenheit machen, folgt der Rest, wie in einer Kette ein Glied dem anderen folgt. Wenn Sie davon träumen, eine tagelange Wanderung zu unternehmen, suchen Sie sich eine mögliche Route heraus. Schauen Sie, welche Unterbringungsmöglichkeiten es an der Strecke gibt. Schon ist der erste Schritt getan. Schon pflanzt sich dieser Plan mit der Möglichkeit der Verwirklichung in Ihrem Kopf ein. Und dann werden Sie ihn auch verwirklichen. Nur zu träumen ist schön, aber erst der erste Schritt führt zur Verwirklichung.

Ich hatte mit 18 Jahren, nach einem Statisten-Casting, plötzlich den unbändigen Drang Schauspieler werden zu wollen. Ich jammerte meiner Mutter damals immer wieder davon vor. Bis es ihr reichte und sie sagte: „Jammere nicht! Such dir raus, wo man das werden kann, und schau dir das an!“ Vielleicht hat sie nicht damit gerechnet, dass ich das tatsächlich mache. Glücklich war sie mit diesem Studium jedenfalls nicht. Brotloser Beruf und so. Ich informierte mich und fand ein Konservatorium, in dem ich dann eine vierjährige Ausbildung machte.

Der erste Schritt ist meist der schwerste. Doch mit vielen ersten Schritten verschwindet die Angst davor. Auch das will geübt sein: sich immer wieder auf Neues einzulassen. Unser Unbewusstes fühlt sich ja so wohl in seinem gewohnten Trott, der keine Unsicherheiten zulässt. Es richtet sich gemütlich ein in einem Leben, das keine Unannehmlichkeiten für Sie bereithält. Es will Sie beschützen vor Pleiten, vor Hohn, vor Niederlagen.

Doch ohne das Risiko dieser Folgen werden Sie nie mehr das Abenteuer und die Freude von eigenen, in die Tat umgesetzten Entschlüssen empfinden. Daher werden Sie nicht umhin kommen, sich über das Unbewusste hinwegzusetzen. Das ist nicht leicht. Das Unbewusste wird Ihnen einflüstern, dass das, was Sie vorhaben, schon von Vornherein zum Scheitern verurteilt ist. Es wird Ihnen weismachen wollen, dass Sie nicht das Zeug dazu haben. Dass es viel zu anstrengend ist und dass Sie durch diese Anstrengung auf so viel Bequemlichkeit verzichten müssen. Glauben Sie dieser Einflüsterin nicht! Erkennen Sie den Eigennutz an diesen falschen Zweifeln: Das Alte bewahren, das Neue vermeiden.

Machen Sie es trotzdem und lernen Sie mit jedem Mal, dass der Spaß an der neuen Erfahrung und der Stolz auf das Erreichte im Endeffekt immer überwiegen. Und wenn sich Ihr Leben dadurch ändert, dann auf jeden Fall um den Aspekt dieser neuen Erfahrung und einen Einblick in Ihre eigene Kraft und Gestaltungsmöglichkeit. Die wären Ihnen sonst immer verborgen geblieben. Damit ordnen sich auch Ihre Wertigkeiten neu. Die innere Unruhe vergeht und wandelt sich in Vertrauen in die eigenen Fähigkeiten. Sie erhalten wieder Kontrolle über Ihr Leben. Somit erscheint die Welt wieder klar und freundlich.

Kommunizieren Sie

Wer gesellig ist, ist glücklicher. Doch wer gesellig ist, ist unglücklicher in den Momenten, in denen keine Gesellschaft da ist. Dann geht es Menschen besser, die die Anwesenheit anderer nicht so dringend für Ihr Glück brauchen.

Es gibt Menschen, die einsame Momente ebenso genießen können wie in illustrer Runde. Andere sind in diesen Zeiten, ohne mit jemandem reden zu können, jemanden in der Nähe zu haben, so unrund und unentspannt, dass sie es kaum aushalten. Wer sich in der Einsamkeit wohl fühlt, kann gut mit sich alleine umgehen. Hat eine gute Beziehung zu sich. Daher ist es sicher eine gute Übung und Aufgabe für Menschen, die nicht alleine sein können, das zu erlernen. Sich auch einmal selbst zu genügen.

Doch im Endeffekt brauchen wir Gesellschaft. Jeder braucht sie. Daher gilt es auch im umgekehrten Fall, dass Menschen, die am liebsten alleine sind, vielleicht weil sie sehr introvertiert sind, sich vornehmen sollten, sich zeitweilig von ihrer Einsamkeit zu entfernen und unter Menschen zu gehen.

Doch ich denke, die Geselligen sind in der Mehrheit. Da der Mensch von Natur aus ein soziales Wesen ist. Und wer gesellig ist, muss kommunizieren. Das Bedürfnis danach wird immer wiederkehren. Kommunikation aktiviert das Gehirn auf vielfältige Weise. Verschiedene Bereiche beginnen emsig zu arbeiten. Gehirnströme kommen auf Hochtouren. Sie reden, Sie müssen zuhören. Sie müssen nachdenken, über die eigenen Worte und die des anderen. Sie müssen darauf reagieren. Dabei achten Sie auf Mimik und Gestik und interpretieren sie. Und das war erst ein kleiner Teil der Reaktionen des Gehirns während etwa einer lustigen Stammtischrunde.

Findet solch eine Runde aber gerade nicht statt und ist auch der Mädelsabend oder die Bowlingpartie noch in weiter Ferne, kurz, sind Sie also gerade alleine und wollen es aber eigentlich nicht sein und sich jetzt auch nicht mit sich selbst beschäftigen und die Stille genießen, dann kommunizieren Sie! Wir leben im Kommunikationszeitalter. Suchen Sie sich ein „Opfer" im Telefonbuch Ihres Smartphones und streben Sie ein nettes Gespräch an. Ein längerer Small Talk, locker und fröhlich, bringt nicht nur Ihr Gehirn, sondern Ihre ganze Stimmung in Schwung.

Es ist auch schon gut, wenn Sie mit einer guten Freundin whatsappen. Wenn diese Methode auch nicht so befriedigend und belebend ist, weil viele Sinne nicht beteiligt sind und ein Dialog durch lange Zeitspannen, bis man eine Antwort bekommt, durchaus zwei

Tage dauern kann. Wenn es aber gerade die einfachste Art ist zu kommunizieren, dann bitte.

Allerdings muss ich dazu auch den österreichischen Psychologen Thomas Müller zitieren, der in einem Interview gesagt hat: „Die Menschen glauben, wenn sie sich heute über elektronische Medien austauschen und SMS-Nachrichten schicken, sie kommunizieren. Es ist aber eine im Prinzip elektronische Informationsübertragung. Die Kommunikation kann nur persönlich gehen, psychologisch. Die einfache Frage: ‚Brauchst du etwas, kann ich etwas für dich tun?'"

Diese elektronische Kommunikation wird, wenn es so weitergeht, tatsächlich bald das persönliche Gespräch überholen. Wir schreiben uns jeden Tag Dutzende Nachrichten auf dem Handy, wir checken E-Mails, tummeln uns auf sozialen Netzwerken. Kommunikation ist allgegenwärtig. Nicht so wie in meiner Kindheit, als ein Telefonat über das Festnetz mit einem Freund etwas Besonderes war.

Heute wie damals ist aber die Qualität der Kommunikation wichtig. Und gegenüber damals müssen wir heute aufpassen, dass wir vor lauter Kommunizieren nicht die Lust und Energie an tiefgehenden, wirklich befruchtenden Gesprächen verlieren. Wie schnell schweifen Ihre Gedanken etwa bei einem Telefonat ab? Wenn Sie einige Sätze des Gesprächspartners am anderen Ende der Leitung versäumt haben, ist das besonders unangenehm. Wenn der andere dann fragt: „Hörst du mir überhaupt zu?"

Es erfordert Konzentration, aber bleiben Sie bei dem Menschen, mit dem Sie gerade sprechen. Ihre Aufmerksamkeit wird dem Gespräch Sinn und Kraft verleihen.

Direkte Kommunikation von Angesicht zu Angesicht hat einen tollen Einfluss auf unser Wohlbefinden. Sie vermag es, graue Wolken heller werden zu lassen oder sie gänzlich zu vertreiben. Der direkte Austausch mit unseren Mitmenschen hilft uns auf die Sprünge und verbindet den Einzelnen mit der Ganzheit. Sie können zwar nicht nicht kommunizieren, wie schon der Kommunikationswissenschaftler Paul Watzlawick feststellte, weil auch Schweigen Kommunikation ist. Dennoch rate ich Ihnen, betreiben Sie sie lieber aktiv. Reden Sie, quatschen Sie, plaudern Sie und das am besten von Angesicht zu Angesicht. Positiv, mitfühlend, heiter – so übernehmen Sie die Heiterkeit direkt in Ihr eigenes Wohlbefinden.

Selbstgespräche

Ein gutes Wort zur rechten Zeit … Das wirkt immer Wunder. Ungewöhnlich ist es für viele, wenn dieses gute Wort von einem selbst kommt. Kommunikation braucht Resonanz, heißt es. Also einen, der einem widerspricht oder beipflichtet. Doch auch ohne diese Resonanz funktioniert es. Beziehungsweise gibt man sich die Resonanz eben selbst.

Selbstgespräche werden in unserer Gesellschaft meist belächelt. Auch wenn man sie kaum bei anderen mitbekommt, weil die meisten tatsächlich nur dann mit sich sprechen, wenn keiner in der Nähe ist. Sie haben Angst, als seltsam und eigenbrötlerisch zu gelten. Ich muss ehrlich sagen, ich spreche ganz gerne mit mir. Ich habe mich aber erst daran gewöhnen müssen und muss immer noch darüber lachen, wenn ich Sachen zu mir sage, die lustig klingen, wenn man sie zu sich selbst sagt.

Es sind einzelne Sätze in gewissen Situationen. Etwa: Also, wo habe ich jetzt die Glühbirnen? Wenn sie nicht in der Wohnung sind, müssen sie ja im Keller sein. Oder: Nein, Peter, wenn du die Herdplatte nicht aufdrehst, kann das Wasser ja nicht kochen. Oder im Supermarkt: Wo haben die jetzt den Ahornsirup? Wenn ich Glück habe, hört das eine Verkäuferin und antwortet sogar. Nein, war nur Spaß. Jedenfalls helfen Selbstgespräche, den Kontakt zu sich auf einer spürbareren Ebene aufzubauen, als es mit den reinen Gedanken der Fall ist. Man nimmt seine Gedanken direkter und echter wahr. Auch weil man durch Selbstgespräche den eigenen Worten besser folgen kann und sie besser aufnimmt.

Zu sprechen, die Worte formuliert aus dem Mund kommen zu lassen, ist langsamer und genauer als zu denken. Auch zischen Gedanken hin und her, kommen und gehen, wechseln die Richtung. Wären Gedanken eine Straßenkreuzung, könnte keine Ampel der Welt hier Ordnung schaffen – Zusammenstöße wären unvermeidbar. Das Aussprechen von wichtigen Sätzen, von Vorhaben, von Fragen, die man an sich selbst richtet, bringt Klarheit. Es fördert die Konzentration und schafft eine Gedankenstruktur, mithilfe der wir erst zu Ergebnissen kommen. Durch reines Denken ohne Anfang und Ende wären diese Ergebnisse wohl erst viel später gekommen. Halten Sie mit sich einen Dialog, erkennen Sie oft erst, was Ihr Geist Ihnen an Überlegungen untergejubelt hat, die aber mit dem tatsächlichen Problem nicht viel zu tun haben. Oder Sie erkennen in Selbstgesprächen die Essenz, die Ihnen in all dem gedanklichen Durcheinander wichtig ist. Alles andere ist vernachlässigbar.

Selbstgespräche steigern auch die Leistungsfähigkeit und können äußerst motivierend sein. Legen Sie sich etwa vor einem wichtigen Gespräch ein, zwei Kernsätze zurecht, die Sie knapp davor einige Male hintereinander aussprechen.

Zum Beispiel:

Ich verdiene die Gehaltserhöhung, weil sich meine Leistung im letzten Jahr deutlich verbessert hat. – Und das letzte Projekt war äußerst erfolgreich.

Oder:

Ich möchte mit dir mein Leben verbringen, weil deine lachenden Augen mich nicht mehr loslassen.

So vermeiden Sie Stammeln und verständnislose Schachtelsätze. Und das Wichtigste: Sie verlieren im Gespräch das Wesentliche nicht aus den Augen. Sie bleiben dadurch auf den Vorsatz, den Sie für dieses Gespräch haben, fokussiert. Sie können sich so vorher aktivieren oder auch beruhigen. Je nachdem, was in dieser Situation wichtiger ist.

Viele Sportler sprechen sich vor einem Wettkampf Mut zu: „Du machst das. Du überholst sie alle!" Sie erhalten so Kontrolle über Situationen, die einiges von Ihnen abverlangen.

Wenn Sie im Stau stehen, sagen Sie sich, dass es sicher bald weitergeht und Sie trotz der Zeitverzögerung ruhig und gelassen bleiben.

Auch lernen geht mit Selbstgesprächen leichter. Sie nehmen den Stoff besser auf und bleiben konzentrierter bei der Sache. Beim Tanzen etwa sind Selbstgespräche ganz normal. Das Mitzählen der Schritte: rechts, links, Seitenschritt … Das geht aber auch bei Mathematik oder Geschichte.

Also, lernen ist für Sie jetzt kein Problem mehr. Was aber noch viel wichtiger ist: Wenn es Ihnen einmal nicht so gut geht, beruhigt Sie der vertraute, angenehme Ton der eigenen Stimme. Das macht den Grund Ihrer Trauer nicht ungeschehen. Aber versuchen Sie einmal, richtig lange mit sich zu reden. Sich die ganze Problematik von vorne bis hinten zu erzählen. Geben Sie sich selbst Ratschläge. Führen Sie einen intensiven Dialog mit sich selbst. Probieren Sie aus, ob Ihnen das hilft. Es könnte Ihnen etwas Last von der Schulter nehmen. Durch die vorher angesprochene Ordnung, die Struktur auch in diesem Problem. Durch das Erkennen, wie schlimm es wirklich ist und wie Ihr Leben in nächster Zeit aussehen wird.

Das Selbstgespräch kann Sie durch eine Krise begleiten. Neben all den Freunden, die Ihnen gerne zuhören, haben Sie dann auch noch sich selbst. Und das ist eine ganze Menge.

Gegensätze wahrnehmen

Das ist eine gute Übung, die man bei vielen Gelegenheiten praktizieren kann. Ich werde Ihnen gleich einige Beispiele nennen, damit Sie wissen, was ich meine. Über das Beobachten von klaren Gegensätzen lernen wir, wie unterschiedlich sich die Welt einem selbst und anderen darstellen kann. Sie entdecken so noch einmal richtig, wie viele Facetten sie hat. Sie sehen, dass es nicht nur Schwarz gibt, sondern auch Weiß. „Weiß ich!“, sagen Sie jetzt vielleicht.

Wissen Sie es auch, wenn Sie in einem Tief stecken und sich sicher sind, nie mehr Freude empfinden zu können? Wenn Sie Streit mit Ihrem Partner haben und sich sicher sind, das wird nichts mehr? Wenn Sie zu Hause verzweifelt den Kopf unter der Decke verstecken und sich sicher sind, für immer alleine, ohne Partner zu bleiben? Wenn Ihr Chef mit Ihnen unzufrieden war und Sie sicher sind, das war es jetzt mit Ihren aufstrebenden Plänen?

Durch diese Übung wird die Lehre von Yin und Yang in die Praxis übersetzt und verinnerlicht. Denn auch wenn Yin und Yang Gegensätze darstellen, so doch in einer voneinander abhängigen Beziehung. Sie bilden in ihrem ständigen Wechsel der Kräfte einen Kreislauf, der eine Ganzheit darstellt. Diese Ganzheit zu erkennen, lässt Sie nicht auf einzelne Augenblicke überreagieren. Denn Sie haben dann die Gewissheit, dass auf diesen Augenblick einer folgt, der sich von einer völlig anderen Seite zeigt. Beide haben ihre Berechtigung, beide lassen sich in dem jeweiligen Moment annehmen. So laufen Sie über ein und denselben Platz, der in den frühen Morgenstunden ganz Ihnen alleine gehört, weil die Sonne gerade aufgegangen ist und kaum eine Menschenseele hier anzutreffen ist.

Doch schon am Abend, wenn eine Bühne für ein Konzert aufgebaut wurde, mehrere Stände Essen und Trinken anbieten und sich Tausende Menschen aneinander vorbeischieben, vermitteln der Trubel und die Massen einen gänzlich anderen Eindruck und lösen bei Ihnen etwas anderes aus. Der gleiche Platz, unterschiedliche Stimmungen.

Sie können auch in ein Geschäftsviertel gehen und dem gehetzten Treiben zusehen. Gleich danach spazieren Sie in einen Park, wo entspannte Menschen auf der Bank oder in der Wiese liegen, Musik hören oder sich einfach die Sonne ins Gesicht scheinen lassen.

Solche Übungen sind auch gut, um sich daran zu erinnern, dass man selber entscheiden kann, in welche Stimmungslage man sich versetzt.

Ein weiteres Beispiel: Sie überqueren auf ihrem gewohnten täglichen Weg mit dem Auto die Kreuzungen flott bei grüner Ampel, so kommen Sie zügig an Ihr Ziel. An einem anderen Tag, werden Sie von roten Ampeln gestoppt. Zwei unterschiedliche Situationen, sie spüren sich komplett unterschiedlich an, sie versetzen Sie in verschiedene Stimmungen. Sie fahren. Sie stehen. Sie rauschen an den Gebäuden vorbei. Sie beobachten die Menschen, die vor Ihnen über den Zebrastreifen gehen. Vielleicht nervt Sie die rote Ampel. Doch daran können Sie lernen, mit beiden Umständen umzugehen und sie zu akzeptieren. Mehr noch, Sie haben die Chance, das Gute an beiden zu sehen. Grün, klar, Sie kommen voran. Rot, Sie halten inne, können tief durchatmen, sich auf sich konzentrieren, in sich hineinspüren, die Eile, mit der Sie in den Tag gestartet sind, unterbrechen und ein paar Sekunden ganz für sich sein.

Da Ihre Seele über solche Gelegenheiten mehrmals am Tag froh ist und es für Sie lohnend wäre, solche bewussten Augenblicke in den Tag zu integrieren, werden Sie bald dankbar sein, wenn Ihnen solche Augenblicke richtiggehend angeboten werden.

Diese paar Sekunden können Sie auch umlegen auf die für Sie besonders spürbaren Gegensätze des Lebens: Wenn Sie von lieben Menschen umgeben sind – und wenn Sie demgegenüber vielleicht nur einen Tag später sich alleine fühlen, keiner Ihrer Freunde Zeit hat und somit die Erde sich ohne Sie zu drehen scheint. Dabei ist das ein gelungenes Angebot, sich auf sich zu konzentrieren und die Stille zu genießen, statt sich im Kreis zu drehen und vor Langeweile zu verzweifeln.

Denn durch das Üben der Gegensätze wissen Sie ganz genau, dass die Zeit, in der viel los ist, Trubel und Heiterkeit herrschen, schon nah ist.

Nehmen Sie auch wieder einmal deutlich die Unterschiede zwischen Tag und Nacht wahr. Sehen Sie sich den Mond an, spüren Sie die Wärme des sonnigen Tages auf der Haut. Hören Sie und betrachten Sie, inwiefern sich Tag und Nacht unterscheiden und welche Stimmung in Ihnen zum jeweiligen Zeitpunkt herrscht.

Oder betrachten Sie ganz bewusst die Stimmungslage Ihres Partners. Dessen Launen. Sie werden so zusätzlich zu der Erkenntnis, dass er ja nicht immer gleich ist, in die Position des Beobachters versetzt und nicht des Opfers. Das kann zusätzlich zur reinen Übung der Gegensätze für Ihre Situation einen positiven Effekt haben.

So positiv, dass sich das nächste Beispiel für Gegensätze anbietet: Sie werden mit Ihrem Partner intim. Sie geben sich dem Rausch der Sinne hin, fühlen zärtlich den Körper Ihres Partners, streichen sanft mit den Fingerspitzen über seine Haut, schauen sich in die Augen und sind sich so unendlich nah. Nur wenige Stunden später sind Sie beide im Büro, oder einer von Ihnen. Sie erreichen sich nicht einmal über das Handy und wenn, dann nur um formlos festzulegen, wer heute das Kind von der Schule abholt.

Wenn ich Ihren gesundheitlichen Zustand anspreche, werden Sie auch sofort bemerken, mit welchen Gegensätzen Sie gelernt haben umzugehen. Sie haben an einem Tag Bauchweh oder Migräne und wissen nicht, wie Sie sich verhalten sollen, damit diese Schmerzen verschwinden. Am nächsten Tag geht es Ihnen wieder gut. Hier stellt sich zusätzlich unendliche Dankbarkeit ein und Sie versuchen, dieses Gefühl, dass Sie beschwerdelos sind, auszukosten und für immer einzufangen.

Und schlussendlich bietet der Wechsel der Jahreszeiten natürlich eine tolle Möglichkeit, die Entwicklung des Lebens zu betrachten.

Bewerten Sie diese Gegensätze während dieser Übung nicht. Auch wenn wir meist das eine gut, das andere schlecht finden. Sommer gut, Winter schlecht zum Beispiel. Viele Leute im Park schlecht, wenige gut oder rote Ampel schlecht, grüne gut … Alleine das Bewusstmachen eröffnet Ihnen das Verständnis für den Fortgang der Zeit und des Lebens und davon, dass keine Situation wie die andere ist. Wenn man sich der Gegensätze bewusst wird und sie als gegeben erkennt, kann man die jeweiligen Zustände auch leichter akzeptieren. Sie so sehen, dass jeder Zustand seine Berechtigung hat, weil er dazugehört.

Das innere Kind beachten

Noch einmal Kind sein dürfen … Würde Ihnen das gefallen? Vielleicht würden Sie sich gerne wieder verwöhnen lassen und an nichts denken müssen als an Ihr Spielzeug und die Kuscheltiere. Vielleicht wollen Sie das überhaupt nicht. Schließlich sind Sie froh, endlich erwachsen und selbstbestimmt zu sein. Doch auch wenn Sie das sind, wir sind dennoch, auch als Erwachsene, immer noch auch Kinder.

Wir tragen unser Kindsein in uns. Wir sind mit unserer Kindheit verbunden. Nicht nur als Erinnerung. Weil die Kindheit und das Erwachsenwerden uns geprägt haben. Die meisten unserer Vorlieben entstammen Erfahrungen aus der Kindheit. Unser Verhalten ist bereits in der Kindheit geformt worden. Wo wir uns gerne aufhalten, hat mit den Plätzen zu tun, die wir in der Kindheit aufgesucht haben. Das Kind in Ihnen lebt weiter und beeinflusst Ihr Verhalten. Mehr als Ihnen oft lieb ist.

Lehnen Sie Ihre Kindheit ab, lehnen Sie einen Teil von sich selbst ab. Doch leben Sie andererseits zu sehr in der Sehnsucht nach Ihrer Kindheit und treffen kaum eigene Entscheidungen, könnte es für Sie Zeit werden, die alten Tage loszulassen, erwachsen zu werden und dem übermächtigen Kind in Ihnen den Platz einzuräumen, der ihm zusteht.

Ich habe in meinem Buch „Das Universum steckt in dir“ beschrieben, wie man erfolgreich schwierige Konfrontationen oder Wendungen im Leben bewältigen kann, wenn man nicht dem Kind-Ich die Kontrolle überlässt, sondern sich ins Erwachsenen-Ich begibt. Von diesem vernünftigen Erwachsenen-Ich aus lässt sich ein objektiver Überblick über die Gesamtsituation wahren und lassen sich die richtigen Schritte unternehmen.

Frei und unbeeinflusst von der kindlichen Unfähigkeit, mit belastenden Situationen umzugehen und frei von eingelernten Hemmnissen. Daher, wenn es Ihnen schlecht geht, finden Sie zu sich und lassen Sie nicht Ihr inneres Kind schalten und walten. Es stampft meist ohnehin nur mit dem Fuß auf und will durch emotionale Erpressung erzwingen, etwas zu bekommen.

Aber es gehört dennoch zu Ihnen. Sie können es auf Dauer nicht ignorieren. Damit würden Sie einen großen Teil von sich selbst verleugnen. Das Kind wirkt ja intensiv auf Ihre Empfindungen. Es trägt frühe Prägungen und Verletzungen mit sich. Es reagiert auf gewisse Art, weil es diese Art so für sich etwa als adäquate Abwehrform entdeckt hat.

In geeigneten Momenten kümmern Sie sich daher um Ihr inneres Kind. Wenn Sie alleine sind und Zeit haben, sich mit ihm zu beschäftigen, ist das auch eine hervorragende Gelegenheit, Ursprüngen Ihres Verhaltens über die Erfahrungen Ihres inneren Kindes auf die Spur zu kommen.

Warum Sie etwa eine bestimmte Eigenschaft Ihres Partners ärgert oder Sie mit der Laune Ihres Nachbarn nicht umgehen können. Oder auch wenn Sie eine Freundin furchtbar gern haben, aber einen gewissen Charakterzug nicht aushalten.

Ergründen Sie nicht, warum die jeweiligen Mitmenschen so schrecklich sind, sondern warum *Sie* das so fürchterlich aufregt. Fragen Sie Ihr Gegenüber nicht, warum es Sie ärgern will, sondern fragen Sie sich, warum Sie das, was es sagt, auf die Palme bringt.

Probieren Sie, es zu ergründen. Können Sie sich vorstellen, dass gewisse Knackpunkte in Ihrer Kindheit Ihnen diese spezielle Verhaltensweise, wie in dem Beispiel angesprochen, zuwider gemacht haben?

Gehen Sie diesen Punkten auf die Spur.

Finden Sie heraus, warum Sie solch eine Abwehrreaktion dagegen entwickeln.

Gehen Sie diese Situation genau durch.

Spüren Sie die Situation neu, leben Sie sie neu.

Und kommen Sie durch das Durchspielen von Erlebnissen in Ihrer Kindheit möglicherweise auf den Grund Ihrer Reaktionsweise.

Hat Sie etwa Ihr Vater jedes Mal angeschrien, wenn Sie sich verletzt haben? Sie brauchten Trost und eine feste Umarmung, doch er hat sich über Sie geärgert und gesagt, Sie sollen doch aufpassen und nicht so ungeschickt sein.

Wenn es so war, wie halten Sie es heute aus, wenn jemand in Ihrer Gegenwart jammert? Über eine Verletzung, über sein Befinden, über die verflossene Liebe. Können Sie diesen Menschen trösten und ihm Mut zusprechen? Oder ärgern Sie sich über dessen Weichheit und dessen Versagen?

Wenn es so ist, gehen Sie auch mit sich selbst nicht zu hart ins Gericht. Sie machen, was Sie vorgelebt bekamen. Sie machen es in Ihrem Sinne, so gut Sie können. Auch wenn Sie schön langsam merken, dass Sie Ihr Verhalten gerne in manchen Dingen ändern würden. Das ist möglich. Sie können ab nun, wenn Sie es möchten, an sich arbeiten und sich bemühen, es mit jedem Mal anders zu machen. Sich eine neue Reaktion zum Beispiel auf das Leid eines anderen zulegen. Doch um Ihr Wesen in diesen einzelnen Verhaltensweisen von Grund auf und beständig neu zu ordnen, nehmen Sie Kontakt mit dem Kind in sich auf.

Wenn Sie als Kind verletzt, beleidigt, ignoriert wurden, kümmern Sie sich um dieses Kind. Geben Sie ihm das, was ihm verwehrt wurde, und verdammen Sie es nicht dafür. Gerade wenn Sie sich in diesem Moment besonders schlecht fühlen, Sie traurig sind, nehmen Sie sich in den Arm. Trösten Sie sich, wie Sie Ihr eigenes Kind trösten würden. Nehmen Sie etwas aus der Kindheit, das Sie schon damals beruhigt hat. Etwas, das Sie liebten. Nur für sich. Sie brauchen das niemandem zu sagen, es bleibt unter uns.

Wir gestatten es uns oft genug nicht, uns selbst zu trösten. Wir erwarten das aber von anderen. Doch wir können uns von den anderen nur über die Folgen des jahrelang in uns versteckten Schmerzes trösten lassen. Nicht über den Ursprung. Um den können wir uns nur selbst kümmern. Vielleicht mit der Hilfe von Profis.

Aber im Endeffekt müssen wir die Wunde selbst versorgen, mit dem Pflaster unserer Erkenntnis und der darauffolgenden Vergebung. Der Vergebung dafür, dass wir uns jahrelang nicht um unsere Verletzungen gekümmert haben, sondern das Leid versteckten und mit uns trugen. Dass wir das Kind in uns immer wieder die gleichen Abwehrmechanismen ausleben ließen, ohne auf die Hilferufe zu reagieren.

Wir sind erwachsene Menschen. Aber wir machen vieles, was nicht erwachsen ist. Wir beleidigen uns. Wir ziehen übereinander her. Wir schimpfen, streiten und ziehen uns an den Haaren. Bildlich gesprochen. Jeder einzelne dieser Auswüchse muss im Innersten geheilt werden. Nur so gelangen wir irgendwann zu einer friedlichen Gesellschaft, in der ein Lächeln als starkes Zeichen gilt und von Kraft und Stolz zeugt.

Im Moment bevorzugen die meisten von uns das Leiden. Und es gilt wohl nicht als sehr erwachsen, uns mit solchen Mitteln wie oben beschrieben zu trösten. Ja, wir wollen erwachsen sein, doch indem wir mit dem Partner streiten und wie das Rumpelstilzchen auf- und abhüpfen und auf unserer Meinung beharren, überlassen wir dem inneren Kind dennoch unsere Handlungsweise.

Trösten Sie sich, wenn Sie es brauchen, streicheln Sie sich und kehren Sie danach gestärkt ins Erwachsenenleben zurück. Dort hören Sie dann geduldig zu, respektieren die Handlungsweise und die Meinung des anderen und entscheiden für sich selbst in Ruhe, wie Sie weitermachen. Ohne mit dieser Entscheidung den anderen zu etwas zu zwingen oder es ihm heimzuzahlen. Einfach, weil es Ihre erwachsene Entscheidung für sich selbst ist. Und Ihr inneres Kind wird mit einem Lächeln zusehen und sich freuen.

Der Plan B

Die Bereitschaft, seine Mitmenschen zu respektieren und deren Entscheidungen mit Wohlwollen anzunehmen, wird oft auf die Probe gestellt. Etwa dann, wenn Sie sich mit jemandem ein Treffen ausgemacht haben, um gemeinsam etwas zu unternehmen. Und dann sagt der andere ab. Kurzfristig. Das kann immer passieren. Aber es wurmt einen doch. Schließlich hat man sich den Tag so schön ausgemalt. Vielleicht war ein Ausflug ins Grüne geplant oder ein gemeinsames Abendessen mit anschließender flotter Sohle am Tanzparkett.

Und plötzlich stehen Sie alleine da? Das muss aber nicht sein. Sie wissen ja schon, wie Sie sich eine schöne Zeit machen können. Weil Sie sich immer damit beschäftigen, was Ihnen guttut und womit Sie bei sich ein Glücksgefühl hervorrufen. Und genau aus solch einem Vorhaben wird Ihr Plan B gestrickt. Damit Sie sich nicht nur von einem Entschluss, wie Sie den Tag verbringen wollen, abhängig machen.

Denn durch diesen Plan B:

Stellen Sie erstens sicher, dass Sie sich nicht so stark ärgern, wenn die Vereinbarung platzt.

Zweitens lassen Sie sich nicht entmutigen und verlieren Sie nicht die Freude, überhaupt noch außer Haus zu gehen.

Drittens, schaffen Sie sich eine schöne Gelegenheit, etwas zu unternehmen, das Ihnen wirklich Freude bereitet.

Natürlich gehen Sie davon aus, dass die Vereinbarung hält.

Es genügt also, wenn Sie sich Gedanken drüber machen, was Sie unternehmen könnten, wenn das geplante Fest etwa wegen Schlechtwetters und Krankheit Ihrer Freunde komplett ins Wasser fällt. Auch den Grund, warum es platzen könnte, brauchen Sie sich nicht zu überlegen. Das liegt ohnehin nicht in Ihrer Hand. Aber werfen Sie trotzdem vorher einen Blick ins Kinoprogramm. Vielleicht entdecken Sie dabei den Liebesfilm, den Sie schon lange sehen möchten. Oder mit einem Blick auf den Veranstaltungskalender werden Sie daran erinnert, dass am Wochenende auch ein Straßenfest stattfindet, wo Sie sicher einige Nachbarn und Freunde treffen.

Also sollte wider Erwarten die Party ausfallen, freuen Sie sich schon richtig auf diesen Film oder das Fest.

Oder die Wanderung mit der Familie fällt flach, weil die Kinder keine Lust haben und der Mann unbedingt sein Panini-Album vollbekommen muss? Kein Problem, Sie haben schon vorher herausgefunden, dass Ihre Freundinnen inlineskaten und danach auf der Seeterrasse dieses angesagten Lokals anzutreffen sind.

Oder – und das geht einfach immer: Sie nützen die Ruhe und machen selbst eine ausgedehnte Wanderung.

Erreicht haben Sie auf jeden Fall: Sie lassen sich von den Umständen nicht runterziehen. Sie sind nicht missmutig wegen Entscheidungen von Freunden oder Verwandten. Die sagen ja nicht ab, um Sie zu ärgern. Sondern sie haben Ihre eigenen, gut erklärbaren Gründe und handeln ebenfalls, wie Sie, aus besten Absichten heraus.

Es ist auch nicht die Absage selbst, die Ihnen möglicherweise den Tag verdirbt, sondern der Gedanke, einen lustigen Abend zu versäumen. Aber genau das brauchen Sie mit einem Plan B nicht zu befürchten. Sie könnten sich sogar dabei ertappen, dass Sie sich sogar *wünschen*, Ihr eigenes Ding durchziehen zu können. Weil Ihr Plan B so toll ist. Und Ihre Freunde werden sich freuen, kein schlechtes Gewissen haben zu müssen, weil Sie die Absage so locker und verständnisvoll hinnehmen.

Was Sie immer in sich tragen

Vertrauen

Können Sie einem Menschen vertrauen? Bedingungslos? Ich spreche jetzt nicht das notwendige Vertrauen an, sicher zu sein, dass der Partner nicht fremdgeht. Das kommt natürlich dann auch dazu. Aber es geht um das Vertrauen, dass die Menschen um Sie herum ihre Sache gut machen.

Sie vertrauen dem Arbeitskollegen, dass er seinen Teil des Teamworks ordentlich erfüllt.

Sie vertrauen Ihrem Kind, dass es seine Hausaufgabe erledigt.

Und Sie vertrauen dem Partner. Dass er das Richtige macht. Dass er seinen Teil der Aufgaben nach seinen Vorstellungen erledigt. Und es in Ordnung sein wird. Und dieses Vertrauen zeigen Sie ihm dann auch!

Sie werden jetzt vielleicht sagen: „Puh, wenn ich da nicht dahinter bin, klappt das nie!"

Doch vielleicht klappt es auch deshalb nicht, *weil* Sie nicht darauf vertrauen. Haben Sie es schon einmal ausprobiert? Einfach locker zu lassen? Der andere will sich als vollwertiger Mensch fühlen. Und er will von Ihnen so gesehen werden.

„Dann soll er zuerst beweisen, dass er es kann!", werden Sie vielleicht antworten. Abgesehen davon, dass keiner dem anderen etwas beweisen muss, weil jeder für sein Leben selbst verantwortlich ist und wir unsere Mitmenschen so sein lassen sollen, wie sie sind, und sie so lieben – abgesehen davon, stoppen Sie mit fehlendem Vertrauen die Entwicklung des anderen.

Wir gehen oft davon aus, dass ein Mensch ist, wie er ist und wie er war, als wir ihn kennenlernten. Unsere Erwartung ist: So wird er immer bleiben. Vor allem dann, wenn wir strahlende Helden ihm nicht das Leben erklären und ihn nicht auf den richtigen Weg bringen. Doch damit lösen wir einen Gegenreflex beim anderen aus. Unser Nörgeln an der angeblichen Unzulänglichkeit des anderen beendet diese nicht, sondern verstärkt sie sogar.

Wir alle wollen eigenständige Wesen sein. Und dieser Widerstand, der entsteht, wenn jemand anscheinend der Meinung ist, wir könnten die leichtesten Aufgaben nicht erfüllen, ist unsere Reaktion, um uns unsere Eigenständigkeit zu bewahren.

Eigentlich würden wir ohnehin in unserer natürlichen Entwicklung den nächsten Schritt gehen. Wir würden unsere Arbeitsweise, unsere Umsicht auf die Bedürfnisse anderer, unsere Selbstständigkeit durch Selbstreflexion ohnehin laufend anpassen und optimieren. Wenn man uns den Raum lässt, die Notwendigkeit dazu zu erkennen.

Doch plötzlich, mit der Unzufriedenheit eines anderen über unsere eigene Person, würde das bedeuten, wir geben dem, der uns laufend ermahnt, wie wir sein sollen, recht und beugen uns seiner Sicht, seiner Allmacht und seinem Bild von uns. Unbewusst brauchen wir dann noch länger, sind noch ungenauer und unsere Sympathie und Empathie für die Bedürfnisse des einen, der uns erziehen will, fällt in den Keller.

Für viele von uns ist es schwer, so manche Eigenheit einer Person, die uns nahesteht, zuzulassen. Doch das ist das Geheimnis gelingender Beziehungen. Dass wir den anderen nicht zu unserem Ebenbild erziehen wollen. Dass wir diesen Partner nicht uns angleichen wollen. Ich glaube, es wird Ihnen selbst mit der Zeit gefallen, wenn Sie Ihren Partner seine Entwicklung mit seinen eigenen Anschauungen, Gewohnheiten und Überzeugungen selbst durchmachen lassen. Weil Sie dadurch aneinander wachsen, statt sich gegenseitig kleinzumachen.

Oft ist schon ein entscheidender Faktor der Altersunterschied zwischen den Personen. Zwischen Partnern. Vom Erwachsenen zum Kind. Vom langjährigen Mitarbeiter zum Jobeinsteiger.

Als Ältere erwarten wir oft, dass der Jüngere in der Entwicklung genauso weit ist wie wir. Doch das ist unmöglich. Das Lebenstempo ist ein ganz anderes. Die Wertigkeiten sind oft noch andere. Wo für einen 30-Jährigen die Karriere noch ganz weit oben steht, besinnt sich ein 40-Jähriger möglicherweise schon wieder mehr auf die Familie und das Leben, das es neben der Arbeit noch gibt.

Lernen sich etwa zwei Menschen mit solch einem Altersunterschied kennen und lieben, sollen daher die Liebe und die Neugier und auch das Vertrauen in den anderen im Vordergrund stehen. Nicht der Wille, dem anderen seine Lebensweise aufzuzwingen, damit sie zu der eigenen passt. Damit würde man zeigen, dass man kein Vertrauen hat, dass der andere es auch alleine schaffen kann, das gesamte Spektrum des Lebens zu erfahren und zur jeweiligen Zeit auszukosten – und sich darin weiterzuentwickeln. Das Vertrauen, dass der andere schon weiß, was für ihn am besten ist. Und zu diesem „Besten“ gehören auch Sie – wenn Sie Ihrem Partner vertrauen.

Der große Gewinn, der Ihnen Vertrauen bringt, ist die mögliche Besinnung auf sich selbst. Vertrauen schafft Raum in Ihnen, der sich mit Liebe und Erkenntnissen füllen kann. Und nicht mit Misstrauen und Ärger über angebliche Unzulänglichkeiten eines anderen. Vertrauen schafft Ressourcen für eine neue Offenheit zum Leben. Und es bringt Ihnen die Erleichterung, nur für sich selbst verantwortlich zu sein. Sie schenken sich sich selbst. Es ist eine Erleichterung, weil Sie dadurch Kontrolle erlangen und sich steuern können. Sie vertrauen ja schließlich auch Ihren eigenen Fähigkeiten.

Aber so sehr Sie sich auch immer bemühen werden: Den Mitmenschen können Sie nicht steuern. Sie müssen immer damit rechnen, dass er anders handelt, als Sie es erwartet haben. Das baut in Ihnen solch eine Frustration auf, dass Sie gar nicht mehr wissen, wohin damit. Sie laden sie an vielen Stellen ab und doch wird sie immer mehr und mehr. Der Frust, den Sie abgeladen haben, bekommt Kinder. Neuer Frust. Legen Sie den Frust ab, legen Sie die Verantwortung für andere Menschen ab und vertrauen Sie darauf, dass diese das Richtige tun. Damit beschreiten Sie einen heilvollen Weg zur eigenen Zufriedenheit.

Zuversicht

Auch wenn man wohl – wie es heute oft beschworen wird – dem Leben erst dann wirklich nahe ist, wenn man sich auf den gegenwärtigen Augenblick einlässt, ohne vor und zurück zu schauen, auch dann kommt man nicht umhin, sich auch mit der Zukunft zu beschäftigen. Gedanken dazu fallen dann entweder positiv aus oder wir sehen eine negative Entwicklung auf uns zukommen. Beides ist mit klaren Vorstellungen verknüpft, wie diese Zukunft auszusehen hat.

Das eine ist der Pessimismus. Der sollte bei der Vorstufe des gesunden Misstrauens enden. Was bringt es Ihnen, ständig schwarzzumalen und sich davor zu fürchten, was kommen mag? Die Chance ist hoch, dass es sich positiv für Sie entwickelt. Wenigstens 50:50. Durch Zukunftsängste leidet zu sehr Ihre herzliche Offenheit gegenüber Mitmenschen und auch gegenüber einem aktiven, dynamischen Leben.

Die andere Erwartungshaltung ist der Optimismus. Sind wir optimistisch, gehen wir davon aus, dass es morgen beim Spaziergang mit Freunden trotz Gewitterwarnung nicht regnet oder die Schulmannschaft des Sohnes trotz miserabler Leistungen in den letzten Spielen gegen den Turnierfavoriten gewinnt. Die Extremvariante davon ist das erzwungene positive Denken. Es ist auf jeden Fall die bessere Grundhaltung als der Pessimismus.

Wer versucht, allem etwas Positives abzugewinnen, wird auch die guten Seiten entdecken. Die Schlupflöcher aus scheinbar ausweglosen Situationen. Da Sie dadurch den Kopf nicht in den Sand stecken und frühzeitig alles hinwerfen, überwinden Sie die Phase der Hoffnungslosigkeit und gelangen leichter zu der Etappe, an der Sie merken, dass sich die Dinge gut und richtig entwickeln. Doch wir dürfen uns nicht anlügen dabei. Wenn Sie das Gefühl bekommen, dieses ewige positive Denken, über alles zu lachen, obwohl Ihnen zum Weinen zumute ist, macht Sie zum Verräter an sich selbst, weil Sie sich der Realität nicht hingeben können, dann ist es zu viel.

Schwere Schicksalsschläge auszublenden, als gäbe es sie nicht und als wären sie nie geschehen, trägt nicht dazu bei, sie anzunehmen und sie aufarbeiten zu können.

Wie fühlt es sich für Sie an, wenn Sie diesen Zweckoptimismus gegen Zuversicht tauschen? Dadurch sind Sie sich zwar im Klaren darüber, dass auch einmal etwas schiefgehen kann. Aber Sie gehen davon aus, dass das nicht passiert. Und wenn dann doch einmal etwas nicht gelingt, haben Sie sich vorher nicht belogen und reagieren gefasst darauf. Als Beispiel: Ihr Kind macht seinen Schulabschluss. Das wird schon klappen. Aber wenn nicht, dann sind Sie nicht enttäuscht, weil Sie diese Wahrscheinlichkeit vorher nicht ausgeblendet haben.

Die Zuversicht ist die realistischere und bekömmlichere Variante des positiven Denkens. Zuversichtlich denken. Sie bauen sich damit auch nicht diesen Druck des positiv Denkens auf: Das wird, weil es muss! Gibt ja keine andere Möglichkeit! Doch die gibt es. Nur weil wir frohen Mutes sind, das Leben bejahen, uns Neues trauen und entschlossen unseren Weg voranschreiten, heißt es nicht, dass wir nicht auch einmal gebremst werden. So naiv muss man nicht sein. Vor allem weil ja gerade diese Hürden uns beibringen, immer höher zu springen. Ohne Hürden genügt es, die Füße gerade ums Notwendigste anzuheben.

Fehlt uns aber die Zuversicht, werden wir eher stehen bleiben oder sogar umkehren, wenn sich ein Hindernis vor uns aufbaut. Leben wir in Zuversicht, wird sie uns nicht enttäuschen.

Hoffnung

In uns leben hilfreiche Wesen, die uns auffordern weiterzumachen, nicht aufzugeben. Diese Wesen haben verschiedene Namen und unterschiedliche Charaktere. Sie heißen Zuversicht, Liebe, Überzeugung oder auch Hoffnung. Zu jedem dieser Wesen haben wir unsere ganz eigene Beziehung und mit jedem kommunizieren wir auf andere Art und Weise.

Doch was sie gemeinsam haben, ist, dass sie darauf achten, dass wir unseren Weg nicht verlassen, obwohl es so unsicher ist, was hinter der nächsten Kurve lauert. Sie achten darauf, dass wir nicht aufgeben. Egal, wie der Weg weitergeht und wie lange er noch ist. Hätten wir diese kleinen fabelhaften Wesen nicht, wäre die Menschheit vor Resignation schon längst ausgestorben. Wir sind heute so dem realen Leben verhaftet, glauben nur, was wir sehen und wollen für alles Unerklärbare fundierte Beweise und Stützen. Und doch vertrauen wir nach wie vor – zum Glück – weiter auf etwas, von dem wir nur den Zauber spüren. Den Zauber, dass wir, ohne es nachprüfen zu können, wissen, dass sich alles zum Guten wendet. Aber natürlich ist etwa Hoffnung nicht das einzige Wesen, das sich in uns Gehör verschaffen will. Viele andere versuchen, es zu übertrumpfen. Versuchen, sich groß aufzuspielen und die oft nur schwache Hoffnung zu überdecken:

Der faktenlastige Zweifel.
Der misstrauische Kummer.
Der besserwissende Pessimismus.

Sie rangeln um unsere Aufmerksamkeit. Sie sind laut und wissen, wie sie sich bemerkbar machen. Doch entscheiden können nur Sie, wen Sie zu sich hochkrabbeln lassen. Wer Ihrem Ohr als Einflüsterer am nächsten kommen darf. Ich rate zur Hoffnung. Sie ist ein guter Ratgeber. Sie bewertet nicht. Sie entscheidet sich nicht für diesen oder jenen Ausgang aufgrund vorliegender Faktoren. Sie überstrahlt die Zukunft mit dem wohlwollenden Scheinwerferlicht eines Liebesfilms, das ein Happy End verkündet.

Denken Sie sich die Hoffnung daher nicht in bestimmter Form herbei und glauben Sie nicht, die Botschaft bereits zu kennen. Lassen Sie einfach das Licht in sich hinein und fühlen Sie die angenehme Wärme, die dadurch entsteht. Hoffen, ohne zu wissen, ist ein angenehmer Zustand, auch wenn er Ihnen oft zu ungewiss ist. Haben Sie denn der Hoffnung immer vertraut?

Versuchen Sie daher auch nicht, die Hoffnung in eine Richtung zu lenken. Versuchen Sie nicht, die Hoffnung als Werkzeug zu gebrauchen, um ein gewünschtes Ergebnis gedanklich herbeizuzwingen! In dem Fall verwechseln Sie die Hoffnung mit der Erwartung.

Die Unterschiede dabei sind:
Die Hoffnung hat kein Zeitfenster, die Erwartung meistens schon.

Die Hoffnung selbst kennt kein Ergebnis, nur den Wechsel zum Guten, in welcher Form auch immer. Die Erwartung ist klar von einem bestimmten Ergebnis geprägt.

Die erfüllte Hoffnung erzeugt Dankbarkeit, die nicht erfüllte Hoffnung ist in vielen Fällen durch ihre Ergebnis- und Zeitlosigkeit praktisch nicht wahrnehmbar.

Die erfüllte Erwartung erzeugt Bestätigung, doch die nicht erfüllte Erwartung Enttäuschung. Sie können nur enttäuscht sein, wenn Sie fest davon ausgegangen sind, dass Ihr Ex-Partner wieder zu Ihnen zurückkommt, Sie aber erfahren müssen, dass er eben geheiratet hat.

Die Hoffnung glimmt in Ihrer Seele und ist eines dieser Zeichen, die wir nicht orten können, aber deutlich spüren, dass es sie gibt. Eines dieser Zeichen, das ausgesandt wird, um unseren Blick nach außen umzukehren in einen Blick nach innen, wo wir bemerken, dass wir aus den Tiefen des Lebens schöpfen können, um die Höhen zu schätzen.

Solch ein Zeichen, das wie ein Schutzengel an unser Ohr fliegt und uns zuflüstert: „Es wird alles gut! Hab Vertrauen!" Ein Zeichen, das uns sagt, es gibt mehr als das Jetzt, doch genieße es, dann brauchst du auch das Kommende nicht zu fürchten. Es bedeutet, dass Sie auf sich selbst, auf die Natur und die Schöpfung vertrauen können. Und dass auf ein Tief immer, immer ein Hoch folgt.

Gewissheit

Es ist ein wunderschönes Gefühl, sich bestimmter Dinge einfach gewiss sein zu können. Wir sind ohnehin immer auf der Suche. Wägen ab, hinterfragen und haben Zweifel. Überlegen Sie, was die festen Säulen in Ihrem Leben sind. Welche Menschen zum Beispiel.

Welche Freunde oder Familienmitglieder sind solch ein fixer Bestandteil Ihres Lebens, dass Sie keine Sorge um deren Zuneigung haben müssen?

Bei wem können Sie sich geben, wie Sie sind, müssen sich nicht verstellen und können auch einmal ins Fettnäpfchen treten?

Mit wem haben Sie einen lockeren, ungezwungenen Umgang und mehr noch: Wen lieben Sie und wissen, dass diese Person Sie liebt, egal was kommen mag?

Halten Sie sich an diese Menschen, pflegen Sie die Beziehung und besinnen Sie sich jetzt bewusst darauf, was Sie haben, und nicht auf das, was Sie nicht haben. Von diesen Fixsternen aus können Sie Ihr Leben immer neu gestalten. Diese Fixsterne sind es, die Ihnen den Halt geben, wenn es einmal nicht klappt. Das müssen nicht einmal immer Menschen sein. Auch wenn sie die stärkste und erfüllendste Stütze sind.

Auch liebe Gewohnheiten – Ihre wöchentliche Sauna, das Musizieren auf Ihrem liebgewonnenen Instrument, also damit verbunden Ihre großen Stärken, Ihre ganz eigenen Fähigkeiten – sie alle machen Sie als Ganzes aus. Und Sie können sich dessen gewiss sein.

Besinnen Sie sich also darauf, was Sie können. Es kann Ihnen niemand wegnehmen. Ihre besten Freunde kann Ihnen niemand wegnehmen. Und wenn Sie sich der Freundschaft gewiss sind und sie pflegen, wird sie andauern. Auch Ihren Charakter kann Ihnen niemand wegnehmen. Nur Sie selbst können sich ändern, wenn Sie es möchten. Sie sind, wer Sie sind, und Sie sind wunderbar.

Wie fühlt es sich denn an, wenn Sie der Gewissheit keine Chance geben? Dann machen Sie wieder diesem quälenden Misstrauen

Platz. Den Zweifeln, ob etwa Ihre Freunde Sie ausnutzen. Es könnte davon welche geben in Ihrem Umkreis. Aber mit etwas Feinfühligkeit lassen sich diese Freunde schnell ausmachen. Sie spüren doch sofort, ob jemand gerne mit Ihnen Zeit verbringt und die Anwesenheit mit Ihnen echt genießt. Dazu brauchen Sie kein großer Psychologe sein. Doch wenn Sie Gewissheit auch bei Ihren echten Freunden nicht zulassen, können Sie auch nicht mehr und mehr mit ihnen zusammenwachsen. Weil Sie sich dann wahrscheinlich verstellen oder zumindest sich nicht ganz preisgeben. Ihre Freunde werden sich fragen, warum Sie niemals ganz Sie selbst sind.

Was, wenn Sie sich Ihrer Charaktereigenschaften nie ganz gewiss sind? Sie probieren dann ständig aus, wie Sie bei den anderen mit verschiedenen Varianten Ihres Charakters ankommen. Welche gut funktionieren, welche nicht. Auch dann wird Ihr Umfeld niemals genau wissen, wer Sie eigentlich sind. Ihnen selbst fällt es dann schwer, Ihrem Leben Beständigkeit zu geben.

Es gibt diese festen Anker in Ihrem Leben, wo Ihre Gewissheit Ihnen Sicherheit gibt. Fixe Pfeiler, an denen Sie sich jederzeit festhalten können. Dann haben Sie auch die Kraft, in den anderen Bereichen, wo Sie noch nicht wissen, was Sie erwartet, selbstbewusst zu sein. Sie können diese Teile des Lebens ganz offen und unvoreingenommen auf sich zukommen lassen. Und brauchen keine Angst zu haben, dass das Ihr Leben noch unsicherer und unübersichtlicher macht.

Der Lebensgefährte einer Bekannten ist für Ärzte ohne Grenzen für ein Jahr nach Tansania in Afrika gegangen. Das Ende der Beziehung, mögen viele denken. Doch die beiden waren sehr entspannt angesichts der langen Trennung über solch eine Entfernung. Sie waren sich ihrer Liebe gewiss und haben nicht im Entferntesten daran gedacht, dass das ihre Beziehung trüben könnte. So war es für beide Teile auch um vieles leichter, sich auf solch ein Abenteuer und solch eine Erfahrung einlassen zu können.

So werden viele Dinge im Leben erst durch Gewissheit möglich. Haben Sie diese erst bei manchen Elementen Ihres Lebens erlangt, machen Ihnen auch die weiteren nicht mehr so viel Mühe. Die, bei denen Sie nicht wissen, was Sie erwartet.

Wissen

Das Warum. Die wohl meistgestellte Frage, seit es Menschen gibt. Mittlerweile hat die Menschheit viele Warums gelöst und so viele sind noch offen. Aber warum wollen wir denn alles wissen? Warum geben wir uns mit „so ist es halt" nicht zufrieden? Wissen ist Macht. Wer weiß, entwickelt sich weiter. Wer weiß, macht sich nicht von anderen abhängig. Wissen gibt Selbstvertrauen und Wissen erweitert den Blick auf die Welt.

Wenn Sie einmal begonnen haben, wissen zu wollen, werden Sie mehr wissen wollen. Wenn Sie Interesse entwickeln, steigt Ihr Interesse an neuem Wissen.

Gibt es bei Ihnen etwas, für das Sie sich begeistern und worüber Sie alles erfahren wollten? Dann werden Sie sicher bestätigen können, welch Bereicherung das sein kann.

Man muss nicht stur Sachen auswendig lernen. Auch sich Wissen anzueignen soll Spaß machen. Weil man eine Leidenschaft dafür entwickelt. Daher muss man auch nicht über jeden Themenbereich Bescheid wissen. Doch man kann sagen, alles, was Sie sich im Laufe der Zeit aneignen, wird Ihren Geist beleben und Ihr Leben bereichern. Und das eben nur, da spreche ich von all den Erkenntnissen der Hirnforschung, wenn Sie auch mit echtem Interesse und Begeisterung herangehen. Die hat man nicht automatisch für jede wissenschaftliche Materie dieser Erde.

Grämen Sie sich also nicht, wenn Sie bei der Dinner-Party schon während des Aperitifs von einem Bekannten über die Phänomene in der Quantenphysik zugetextet werden und nur „Kaulquappe" verstehen. Doch wenn ein gewisses Grundinteresse an etwas besteht, lohnt es sich, sich damit eingehender zu befassen. Denn mit der ersten Beschäftigung damit können Sie die Begeisterung dafür durchaus wecken. Und um für sich überhaupt die wahren Steckenpferde zu entdecken, vertiefen Sie sich in unterschiedliche Materien.

Wie oft hört man, dass Menschen durch Zufall in ein Themengebiet hineingeraten sind und darin ihren Lebenszweck gefunden haben. Aber auch so weit muss es ja nicht gleich gehen. Das kommt von selbst, wenn es sein soll. Nicht alles, womit man sich beschäftigt, muss einen bis ans Ende der Tage fesseln. Manche Themen haben sich nach einiger Zeit auch wieder erschöpft. Los bekommen Sie sie aber, wenn Sie sich so richtig darin vertieft haben, nicht mehr ganz. Schließlich sind sie durch die leidenschaftliche Aneignung in Ihnen verankert.

Geben Sie sich Zeit. Sie müssen nicht zum ersten Mal in die Oper gehen und bereits seitenweise das Notenheft mitblättern und die Arien auswendig mitsummen. Sie machen es ja für sich. Seien Sie daher nicht ungeduldig. Gerade am Anfang gibt es in neuen Bereichen so viel zu erfahren. Das geht nicht in einer Stunde.

Eignen Sie sich Wissen an und bleiben Sie interessiert. Das gibt Ihnen Selbstsicherheit und hilft Ihnen, die Zusammenhänge der Welt zu verstehen. Und das wiederum verschafft Ihnen das Gefühl mittendrin verankert zu sein, statt hilflos zu versinken im Treibsand der Zusammenhänge und Erklärungen.

Das beginnt schon beim Lesen von Texten. Lesen Sie über Ausdrücke, die Ihnen nicht geläufig sind, nicht einfach hinweg. Wenn Sie Wörter nicht verstehen, schlagen Sie sie nach. Sie werden sonst den Text nie ganz erfassen. Wenn Sie immer wieder von diesem einen oder ein paar Worten aus dem umfassenden Inhalt gerissen werden, erscheint am Schluss der Text wie ein Fragezeichen. Und die Botschaft bleibt Ihnen im Gesamten verborgen.

Das gilt in weiterer Folge auch für Zusammenhänge. Sie müssen nicht wortlos und ohne Entdeckungsfreude hinnehmen, warum etwas gerade so ist, wie es ist. Hier tiefer zu gehen, die Verkettungen zu verstehen, zu wissen, wo, von wem und warum der erste Dominostein umgeworfen wurde, damit schlussendlich der letzte fällt, lässt Sie nicht nur zu einem Menschen werden, der weiß, wovon er spricht. Sie brauchen sich genau dann auch nichts mehr vormachen zu lassen von Menschen, die auch oft nur halbe Wahrheiten kennen.

Und nichts ist schlimmer, auch für Sie selbst, als mit halben Wahrheiten zu hantieren. Zu viele Missverständnisse entstehen dadurch. Und Sie selbst werden sich auch nicht wirklich wohl fühlen in Ihrer Haut. Weil Sie immer damit rechnen müssen, aufgedeckt zu werden. Lücken gibt es immer. Zu umfassend sind so gut wie alle Themengebiete, die von Experten bis ins kleinste Detail untersucht wurden. Aber interessiert zu bleiben und sich Wissen anzueignen, ist spannend, erschließt Ihnen das Leben und stärkt Sie von innen heraus.

Gelassenheit

In wie vielen Situationen könnten Sie anders reagieren, als Sie es machen? Wie oft denken Sie, das war von mir jetzt schon sehr energisch oder panisch? Aber so reagiert man in gewissen Situationen nun einmal.

Gehen Sie diese Szenen vor Ihrem inneren Auge durch. Erinnern Sie sich an dieses Gefühl „Ich muss jetzt so sein!"? Aber eigentlich fühlen Sie sich nicht wohl in Ihrer Haut. Sie fühlen sich wie fremdgesteuert. Atmen Sie dann einmal tief durch und überlegen Sie kurz, was Sie wirklich empfinden in dieser Situation.

Zur Gelassenheit gehört untrennbar dazu, zu seinen eigenen, wahren Empfindungen Kontakt aufzunehmen und auf sie zu hören. Und es gehört dazu, Ereignisse im Leben nach ihrer wahren Bedeutung einzustufen. Wir neigen heute dazu, etwa wenn wir von einem Erlebnis erzählen, möglichst dick aufzutragen. Eine optimale Wirkung erzielen zu wollen, indem wir verbal die Besonderheit unseres erzählten Erlebnisses um drei Stufen hinaufschrauben.

Alles, was wir erleben, muss phänomenal, unglaublich, geil und sagenhaft sein. Sonst glauben wir vielleicht, mit all den anderen unglaublichen Dingen, die ja jeder um uns herum erlebt (siehe Facebook), nicht mehr mithalten zu können.

Und wenn wir solche Erzählungen hören, neigen wir dazu, besonders betroffen zu reagieren, um dem Erzähler die geforderte Bestätigung zu geben. Das ist ja manchmal ganz lustig. Aber irgendwann geht es nicht mehr weiter nach oben und es wird anstrengend. Authentisch zu bleiben, kann die gleiche Wirkung hervorrufen: Nämlich, dass der Erzähler merkt, dass Sie zuhören. Und wenn der Erzähler seinem Eindruck treu bleibt, die Wirkung, die das Erlebnis auf ihn hatte, wahrheitsgerecht weitergibt, wird das Gespräch trotzdem interessant bleiben.

Gelassenheit in aufreibenden und provokanten Situationen ist ungleich schwerer. Dafür aber doppelt so lohnend. Denn wenn Sie etwa auf Konfrontationskurs mit jemandem sind, gewinnen Sie durch Gelassenheit einen unglaublichen Vorteil. Sie werden dadurch stärker, überlegener. Und das Ziel soll sein, mit dieser Stärke – und nur mit dieser – können Sie es schaffen, die Konfrontation zu beenden, bevor sie eskaliert.

Im Autoverkehr etwa. Dort sind die Gemüter besonders erhitzt. Wenn dann nach einem brenzligen Manöver ein Unfall gerade noch verhindert wird und ein Autolenker erbost auf Sie zustürmt, ist es wohl das Beste, erst einmal die eigenen Emotionen zu zügeln.

Leicht gesagt, denn das Adrenalin schießt in Ihren Körper, das Gehirn schaltet auf Verteidigung. Klar zu denken und klare, vernünftige Sätze herauszubringen, geht in solchen Situationen gegen die eigene Biochemie. Am liebsten will man den Schreck und die Angst vor einem Unfall in Form von Beschimpfungen und Anschuldigungen an den anderen Beteiligten loswerden.

Eine bessere Möglichkeit in diesem hitzigen Moment aber ist, ruhig zu bleiben und sich durch die Beschimpfungen des anderen nicht aus der Reserve locken zu lassen. Sie sollen ihn auch nicht anlachen. Das würde er als Provokation empfinden. Also, wieder: durchatmen und sich auf sich besinnen.

Dann könnte Ihr erster Satz nicht sein: „Verdammt, was ist Ihnen da eingefallen?!", sondern vielleicht ein: „Mein Gott, habe ich mich jetzt erschreckt. Ist bei Ihnen alles in Ordnung?"

Und dann können Sie versuchen, die Begebenheit mit dem anderen ruhig und objektiv durchzuspielen. Je nachdem, wie schnell sich der erschreckte Autolenker beruhigt. Wenn er weiterhin auf Sie einschimpft, dann ist es oft besser, ihm recht zu geben und zu versuchen, die Konfrontation möglichst kurz zu halten.

Warum soll ich ihm recht geben, werden Sie jetzt vielleicht fragen. Nun, was wollen Sie erreichen? Es ist in Ihrer Arbeit wichtig, dass Sie ernst genommen werden. Und Sie werden mit Ihrem Partner offene Streitpunkte möglichst durchdiskutieren. Aber was und wem bringt es etwas, sich in solch einer Situation auf eine handgreifliche Auseinandersetzung einzulassen?

Wir versuchen oft, unseren Kopf durchzusetzen, wollen einfach recht haben, wollen die Gewinner sein. Aber zu welchem Preis? Wir sollten unsere Energie für die Lebensbereiche sparen, bei denen es sich lohnt, Prinzipien zu klären und herauszufinden, welche Fehler künftig wie umgangen werden können.

Nehmen wir solch ein Erlebnis daher als Übung zur Selbstbeherrschung. Sie können nämlich schlussendlich doch immer selbst steuern, wie Sie reagieren. Sie müssen nicht überreagieren, weil Sie unbedingt recht haben wollen, Sie müssen auch nicht überreagieren, weil Sie irgendwann einmal gelernt haben, dass das so gehört. Sie können jede Situation neu bewerten und für sich entsprechend reagieren. Auch einmal ganz anders als sonst.

Ist also immer alles ganz, ganz schrecklich? Sicher nicht!

„Locker, locker, locker!" Die österreichische Sängerin und Schauspielerin Dagmar Koller sagte sich diese Worte oft vor, kurz bevor sie die Bühne betrat. Sie weiß nach jahrelanger Erfahrung, es geht nur darum, entspannt zu sein und damit authentisch und sympathisch. Mit der Kompetenz aus Erlerntem und Trainiertem im

Hintergrund. Alles andere ergibt sich von selbst. Verkrampfen Sie sich nicht angesichts unmittelbar bevorstehender Aufgaben. Verbeißen Sie sich nicht in eine Vorstellung, wie etwas zu sein hat. Es ist gut, wie es ist, wenn Sie es nicht erzwingen wollen. Sie geben ohnehin Ihr Bestes. Doch wie viele Menschen scheitern, weil Sie trotz Ihrer Fähigkeiten noch mehr wollen? Weil sie auf eine bestimmte Art wirken wollen, die mit ihnen selbst aber nichts zu tun hat?

Mit der Lockerheit, in die Sie sich versetzen, beginnen die Dinge auch erst Spaß zu machen. Die Lockerheit bewirkt, dass Sie nicht jedes Ausscheren aus Ihrem Korsett, aus Ihrem vorher ausgetüftelten Plan aus der Bahn wirft. Sie haben niemals etwas zu verlieren. Gehen Sie locker aufs Leben zu und sie werden Hindernisse mit einem Schulterzucken umkurven oder überwinden. Die Ergebnisse werden dieselben sein. Oder sogar besser.

Lösen Sie sich von Zweifeln und beginnen Sie Ihre Einstellung zu entrümpeln:

Lösen Sie sich von Vorgaben, wie etwas zu sein hat!
Lösen Sie sich von Zwängen und Konventionen!
Lösen Sie sich von allem, was Sie in Ihrem Schaffen behindert!
Lösen Sie sich von Befürchtungen, Sie könnten anderen nicht gefallen!

Sie sind für sich selbst verantwortlich. Am Totenbett fragt niemand, wie Sie was gemacht haben. Hauptsache, Sie selbst haben sich in allem, was Sie erlebt haben, wohl gefühlt und triste Phasen mutig überwunden. Auf Ihre Art. Daher gibt es keinen Grund sich zu fürchten, Sie können nur erfahren und lernen. Und das mit dieser Leichtigkeit und der Freude über den Augenblick.

Wenn es jetzt in Ihnen grummelt. Wenn Sie jetzt gerade dieses unangenehme Bauchgefühl haben, einen Knoten im Bauch, dann gibt es natürlich so einige Ursachen dafür. Wenn Sie in Gedanken durchgehen, was es ausgelöst haben könnte, dann schließen Sie auch die Überlegung ein, ob Sie sich kürzlich vielleicht nicht getraut haben, offen zu sagen, was Sie sich denken. Sein wahres Empfinden zu verheimlichen und gute Miene zu machen, ist nicht ganz ehrlich. Und Unehrlichkeit kann lange im Magen liegen.

Wenn Sie etwa Ihrem Partner schon lange etwas sagen wollen, das Sie belastet. Sie trauen sich aber nicht und wissen noch weniger, wie Sie es sagen sollen. Das kann ganz schön in einem arbeiten. Ja, ich weiß, manchmal will man sich einfach eine längere, vielleicht schwierige Diskussion ersparen. Lieber gar nicht anecken, bevor man schlechte Stimmung verbreitet. Und das ist in manchen Situationen, mit entfernten Bekannten im Small Talk, wenn es um nichts Besonderes geht, auch eine adäquate Lösung. Dann ist es oft gar nicht der Mühe wert, aus einer Mücke einen Elefanten zu machen, und sollte Sie auch nicht weiter belasten.

Wenn es aber etwas war, das Ihnen gegen den Strich geht, Sie aber dennoch innerlich die Hand vor den Mund, die Augen und die Ohren gehalten haben, dann wird es wohl in Ihnen weiterarbeiten und Ihnen keine Ruhe lassen.

Vielleicht haben Sie sich sogar zu etwas verpflichtet, was Sie so überhaupt nicht interessiert oder Sie nicht machen wollen. Ihr Chef hat Sie am Wochenende zu einem Kundenevent eingeladen. Sie planten aber doch mit Ihrer Familie einen Popcorn-Kino-Abend. Dann stecken Sie im Dilemma. Sie haben zugesagt, obwohl Sie keine Zeit und Lust hatten. Ihr Knoten im Bauch zieht sich kontinuierlich fester zusammen. Jetzt müssen Sie es entweder Ihrer Familie beibringen oder doch Ihrem Chef die Wahrheit sagen. Beides nicht angenehm.

Noch intensiver werden Sie dieses Stechen in der Magengegend spüren, wenn Sie bewusst unehrlich waren. Zu Ihrem Partner, zu einer Freundin, zu einem Familienmitglied. Unehrlich zu sein erscheint oft als Weg des geringeren Widerstands. Aber es wirkt viel länger nach.

Befreiter Leben ohne Lügen

Unehrlichkeit hat sich in unserer Gesellschaft durchgesetzt. Viele denken, es gehe in gewissen Situationen gar nicht ohne sie. Es wäre normal, nicht ganz ehrlich zu sein. Schon wegen der geringsten Anlässe. Auch unseren Kindern wird das in jungen Jahren oft mitgegeben. Die Hausaufgabe nicht fertig? Sag der Lehrerin, du hattest Bauchweh.

Aus Jux ein Haarbüschel abgeschnitten? Setz die Kappe auf, damit es ja niemand sieht!

Doch wozu? Warum müssen wir Dinge verheimlichen? Warum kann das Kind nicht ehrlich sagen: Der Nachmittag war so schön. Ich war am Spielplatz und hab ganz auf die Hausübung vergessen. Weil die Lehrerin schimpft? Meine Erfahrung ist, Ehrlichkeit ist oft entwaffnend.

Als ich in meiner Zeit als Schauspieler einmal zu spät zur Theaterprobe kam, fragte die Regisseurin nach dem Grund. Ich antwortete: „Ich bin einfach nicht aus dem Bett gekommen." Kein Zahnweh, keine ausgefallene U-Bahn, kein Partner, der einen versehentlich in der Wohnung eingeschlossen hat. Die Regisseurin war baff, lachte und die Sache war erledigt.

Die Reaktion fällt meist gerade dann nicht so heftig aus, wenn man die Wahrheit sagt und dazu steht. Denn Lehrerinnen etwa, wie im Beispiel mit der Hausübung, sind schon gewohnt, dass man sie anschwindelt. Wenn es einmal anders ist, ist es erfrischend und erfreulich. Wie kann Ehrlichkeit auch verärgern? Ich ärgere mich mehr darüber, angelogen zu werden, und nicht, wenn mir jemand geradeheraus seine Befindlichkeit mitteilt. Glauben Sie nicht auch, dass wir lernen können, uns auch für unsere „Fehler" nicht zu verstecken?

Wir haben doch nichts zu verbergen. Wenn wir das machen, zeigen wir, dass wir noch Angst vor dem Leben haben und uns dem Leben noch nicht voll hingeben können, ohne uns zu schämen dafür, wer wir sind und was wir machen.

Natürlich soll man nicht jeden Tag zu spät kommen. Dann ist jede noch so ehrliche Ausrede wirkungslos, weil es dem Mitmenschen gegenüber nicht wertschätzend ist. Aber wenn wir Lust haben, etwas für uns zu machen, und einmal auf die Pflicht vergessen, dann sollte das auch möglich sein. Und wenn wir den Kindern beibringen, dass Ehrlichkeit der bessere Weg ist, werden irgendwann auch die Lehrerinnen, Arbeitgeber und sonstige Autoritätspersonen genau das anerkennen und es selbst leben: Ehrlichkeit und die eigenen Bedürfnisse vor die Vorstellungen und den Willen anderer stellen.

Keine Angst, es wird kein Chaos dadurch entstehen. Denn Menschen fühlen sich ohnehin wohler in der Ordnung und in vorhersehbaren und angepassten Strukturen. Doch einmal auszuscheren und dazu zu stehen wird die Welt nicht auf den Kopf stellen.

Unehrlichkeit kann lange währen

Noch schlimmer ist es ja, wenn man zu einer Person unehrlich ist, die einem nahesteht. Wie soll man da wieder rauskommen? Man hat ja ständig mit ihr zu tun, kann sich nur weiter verstricken in ein Gebilde von Ausreden und Unwahrheiten. Alleine der Umstand zu lügen bereitet schon Gewissensbisse und negative Energien. Dazu kommt die Angst, erwischt zu werden. Die Angst vor den Folgen. Das immer wiederkehrende Grübeln, wie man sich verhält, wenn der andere doch draufkommt. Das hört nicht auf, Ihre Seele zu belasten, und fühlt sich gar nicht gut an. Auch wenn Sie im ersten Moment froh sind, durch eine Unwahrheit eine unangenehme Auseinandersetzung scheinbar hinter sich gelassen zu haben.

Sie wollten vielleicht deshalb nicht die Wahrheit sagen, weil Sie den anderen nicht verletzen wollten. Weil Sie dachten, er verträgt die Wahrheit nicht. Oder auch, weil Sie einen gewissen Effekt erzielen wollten, dachten, Sie würden etwas nur über diesen Weg erreichen. Langfristig ist es wohltuender, die Wahrheit zu sagen. Sie fühlen sich befreiter, wenn Sie die Wahrheit ins Spiel gebracht haben. Endlich! Dazu gehört auch, ehrlich Nein zu sagen. Das bedeutet, auf die eigenen Bedürfnisse zu achten und sie auszudrücken. Auf diese Art wird anerkannt, wer Sie sind, und erkannt, was Sie wollen. Nur wenn der andere weiß, was Sie wollen, kann er darauf Rücksicht nehmen.

So könnte es sich ergeben, dass ein Ehepaar sich vierzig Jahre lang aus Gewohnheit zum Frühstück eine Semmel teilt. Er bekommt die härtere Unterseite, sie die weiche Oberseite. Doch eines Tages fällt die Unterseite zu Boden, der Hund verschleppt sie sogleich und kaut daran herum. Die Frau sagt, jetzt müssten sie sich leider die weiche Oberseite teilen. Die hätte er ohnehin viel lieber, antwortet der Mann. Die Frau sagt, sie würde in Wirklichkeit viel lieber die Unterseite essen. Beide haben aber angenommen, dass sie dem jeweils anderen eine Freude machen. Doch gesprochen haben sie nie darüber.

Die feine Antenne

Mit der Wahrheit vermeiden Sie nicht nur ein jahrelanges Missverständnis. Sondern auch, dass eine Lüge irgendwann wieder in Ihr Leben zurückschwingt. Unehrlichkeit spürt man. Man erkennt sie vielleicht nicht sofort. Doch man spürt sie. Menschen haben sehr sensible Antennen.

Wir wissen dann oft nicht, warum ein Gespräch einen seltsamen Beigeschmack bekommt. Das ist eine komplizierte Sache. Denn oft entsteht eine „Unehrlichkeit" aus dem Druck heraus, keine Zeit für ausführliche Erklärungen zu haben. Wir müssen eigentlich schon wieder weiter, und wenn wir jetzt erklären, warum wir etwa am kommenden Samstag keine Zeit für die gerade erhaltene Einladung haben, ufert das unendlich aus und wir kommen zu spät zum Meeting. Dann sagt man lieber: Ja, wäre sicher nett. Ich sag dir Bescheid. Eine nachträgliche Absage ist dann nicht mehr so überzeugend, wenn man vorher noch Interesse signalisiert hat.

Oder Sie tischen eine fadenscheinige Erklärung auf, die leichter zu verstehen ist, aber vielleicht dennoch nicht überzeugend. Weil sie gar nicht wahr ist möglicherweise. In solchen Situationen ist es wohl besser, wenn Sie etwa der Einladung nicht folgen können, weil Sie mit ihrem Partner etwas zu klären haben, zu sagen: Du, ich muss privat was erledigen. Sei mir nicht böse, aber das ist echt wichtig.

Sie bleiben bei der Wahrheit und müssen trotzdem nur so viel preisgeben, wie Sie möchten. Nicht alles ist für jedes Ohr bestimmt. Deshalb kann man sich dennoch treu bleiben. Und das Gegenüber bleibt nicht mit dem Gefühl zurück, dass etwas nicht stimmt. Die verbindende Schwingung zueinander war unterbrochen und hat die Harmonie beeinflusst.

Mit Unehrlichkeit stößt man Mitmenschen von sich. Sie entfernen sich dadurch und verschließen sich diesem Menschen gegenüber. Offenheit und Ehrlichkeit sind ein Geben und Nehmen. Die Reaktion folgt in Sekundenbruchteilen und setzt sich immer weiter fort.

Wenn Sie von sich aus anfangen, wieder mit voller Aufrichtigkeit eine Verstimmung zu kitten, beginnt dieser Prozess des Öffnens von Neuem. Diesmal in die in Richtung gegenseitigen Verständnisses und Vertrauens.

Liebe

Kann man Liebe beschreiben? Kann man über Liebe schreiben? Kann man zu Liebe Tipps geben? Liebe ist das Stärkste auf dieser Welt. Wer liebt, vollbringt die unglaublichsten Dinge. Liebe ist der größte Motivator. Sie ist nicht nur ein Gefühl. Sie ist Kraft. Sie ist Zauber.

Das beginnt schon mit dem Verliebtsein. Nicht der biochemische Ausnahmezustand des Gehirns, wie es heute oft heißt, verleiht diesem Zustand diese Wirkung und Macht. Wissenschaftler spielen heute die Bedeutung vom Verliebtsein über diese rein fachliche und auf Hormone reduzierte Erklärung herunter. Doch was lässt uns, wenn wir verliebt sind, die Wochen und Monate mit dem Menschen, der da neu in unser Leben getreten ist, so kraftvoll und herausragend erleben? Wir sind neugierig auf ihn. Unsere seelische Verbindung zu ihm ist so stark, dass wir uns auf eine aufregende Entdeckungsreise begeben. Wir wollen alles von diesem Menschen wissen. Sind entzückt und begeistert, was wir dabei entdecken. Wir wollen immer mehr davon und würden am liebsten in diesen Menschen hineinschauen, hineinkrabbeln und uns alles, was wir finden, zu eigen machen.

Eine oft verwendete Redewendung ist: Liebe macht blind. Sie weist darauf hin, dass wir in dieser Anfangszeit der Liebe die Fehler des anderen nicht sehen würden. Das stimmt. Weil es keine Fehler sind! Sie erscheinen uns daher auch nicht als solche. In dieser Phase der Liebe akzeptieren wir den Menschen voll und ganz, so wie er ist. Und das hat enormes Potenzial.

Zwei Menschen gehen den Weg gemeinsam. Die Stärken beider werden gebündelt. Diese Stärken würden immer weiter ansteigen, wir würden uns gegenseitig helfen, Mut zusprechen, uns bestätigen. Wenn nicht irgendwann die Andersartigkeit des Partners als Mangel empfunden würde. Dann beginnen wir meist, ihn uns angleichen zu wollen. Aus zwei Menschen wird versucht, einen zu machen. Oft von beiden Partnern.

Das ist auch häufig ein Grund, warum Menschen, die schon einige Erfahrung mit der Verliebtheit gemacht haben, es manchmal schwer haben, wieder einen Partner zu finden. Sie haben oft gar keine Lust mehr auf diese Entdeckungsreise. Sie sind nicht mehr interessiert an vermeintlichen Fehlern und Unzulänglichkeiten – und damit nicht mehr interessiert an vielen Menschen. Sie schließen sie von vornherein aus. Sie sind auf der Suche nach einem, der die eigenen Ideale, die eigenen Parameter erfüllt. Sie stellen ihre Vorstellungen voran. Ein Beweis, dass Verlieben nicht nur über biochemische Vorgänge erzeugt wird, sondern es sehr auf die Einstellung ankommt und darauf, Liebe zuzulassen.

Nicht alles ist Liebe

Liebe wird oft missbraucht. Etwas anderes wird als Liebe ausgegeben. Ein Besitzanspruch auf einen einzigen Menschen etwa.

Oder wie würden Sie das nennen, wenn man dem Partner, wie es zum Beispiel früher oft üblich war, verbietet, alleine auszugehen?

Oder wenn man darauf besteht, dass um 18 Uhr am Abend ein warmes Essen am Tisch steht, und man sich nicht darum kümmert, ob der Partner mal keine Lust hat zu kochen?

Oder wenn man seine Partnerin zu Sex zwingt, auch wenn keinerlei Leidenschaft mehr im Spiel ist?

Man herrscht in solchen Fällen nur noch und liebt nicht mehr. Autoritär und eigennützig. Dahinter stecken eigene Unzulänglichkeiten, die nicht zum Vorschein kommen sollen. Die Unfähigkeit, für sich zu sorgen. Die Angst, den Menschen, so wie man selbst ist, nicht halten zu können. Die eigene Orientierungslosigkeit, mit dem Leben zurechtzukommen, wird verschleiert und abgeladen auf die „bessere Hälfte". Und der eigene miserable Selbstwert wird durch die Unterdrückung eines Schwächeren scheinbar aufgewertet.

Die Macht der Liebe, uns zu vervollständigen, weil sich in der Partnerschaft zwei Wesen gemeinsam entfalten, wird zerstört und durch Hass, Terror und Angst ersetzt.

Wer einen anderen Menschen besitzen will, einsperren und dirigieren will, weil der Glaube fehlt, dass diese Person aus eigenem Willen bei einem bleibt, liebt nicht. Das geht Hand in Hand mit fehlender Liebe zu sich selbst. Und diese Lücke, diese fehlende

Selbstliebe, löst eine Einsamkeit aus, die der Mensch, den man vorgibt zu lieben, füllen soll.

Verliebt und frei

„In deinen Armen ist mein Zuhaus", heißt es in einem Lied von Marjan Shaki und Lukas Perman. Liebe schafft Geborgenheit, wenn sich der, der in den Armen liegt, jederzeit wieder lösen kann. Wer wahrlich liebt, knüpft keine Bedingungen daran. Der sagt nicht: Du musst bei mir bleiben. Denn wahre Liebe lässt den Menschen, den man liebt, selbst entscheiden. Wahre Liebe kennt keine Strategie, wie man den Wunschpartner an sich bindet. Verwechseln wir das nicht. Liebe übt keinen Zwang aus. Wir neigen dazu zu sagen, ich kann nicht anders, ich liebe sie oder ihn doch so sehr. Ich halte es ohne sie oder ihn nicht aus!

Doch Liebe wird durch Forderungen wie mit einer Decke zugedeckt. Das gilt für die werdende wie die bestehende Liebe. Durch das Eingreifen in die Autonomie des anderen erkennen Sie dessen Wesen nicht an.

Das beginnt schon damit, dass Sie sich selbst verleugnen, indem Sie Ihre eigenen Bedürfnisse zurückstecken. Sie glauben, damit die Liebe zu Ihrem Partner zu beweisen. Doch wenn Sie auf etwas verzichten und dann dasselbe vom Partner fordern, haben Sie nicht aus dem Bedürfnis, mit dem Menschen zusammen sein zu wollen, gehandelt. Sondern aus der Erwartung heraus, dass er selbst auch auf etwas verzichtet und Sie dafür liebt, dass Sie so uneigennützig sind.

Und so verändern Sie sich immer mehr und werden immer weniger der Mensch, den Ihr Partner zu Beginn gelernt hat, so sehr zu lieben, dass er mit Ihnen für immer zusammen sein will.

Die neue Liebe

Liebe ist gegenseitige Bereicherung und nicht ein gegenseitiges Abgraben von Vorlieben und Lebensweisen. Ich kann mir vorstellen, dass das jetzt kompliziert für Sie klingt. Was darf man dann eigentlich noch, fragen Sie sich vielleicht. Alles. Noch mehr als früher. Für sich und für den anderen. Doch ohne jemanden ändern zu wollen und ohne Forderungen zu stellen. Einfach lieben und leben.

Partnerschaften sind heute keine reinen Symbiosen mit gegenseitigem Nutzen mehr. Die meisten Partner sind nicht mehr voneinander abhängig. Sei es wirtschaftlich oder standesmäßig. Beziehungen sind freiwillige Bündnisse zur Glückssteigerung. Eine Bereicherung. Das bedeutet auch das Anerkennen und volle Respektieren der Eigenschaften, Verhaltensweisen und Ansichten des Partners.

Umso wichtiger wird es daher, sich noch viel mehr auszutauschen und die eigenen Gefühle und Ansichten mitzuteilen. Ohne Wertung. Damit man sich versteht und jeder weiß, warum der eine so, der andere so handelt und empfindet.

Wenn etwas an Ihnen nagt: Sprechen Sie es aus! Denn auch, wenn wir den anderen lassen wollen, wie er ist, sollen wir doch mitteilen, wenn wir etwas so gar nicht gutheißen oder verstehen. Doch die Herausforderung dabei ist, es ohne Vorwürfe zu tun.

Sagen Sie Ihrem Partner etwa, dass sie mit seiner Angewohnheit, nie vor 22 Uhr nach Hause zu kommen, nicht zurechtkommen. Meist hält man so etwas lange zurück. Und dann kommt es eines Tages wie ein Vulkanausbruch heraus. Und noch ein paar andere Brocken dazu. Vielleicht ist dieser Umstand, der Ihnen Kopfweh bereitet, damit nicht sofort aus der Welt zu schaffen. Doch es wird Ihnen sofort besser gehen, wenn Sie sich zumindest einmal mitgeteilt haben. Auf respektvolle Art. Lieben Sie Ihren Partner weiter wie zuvor. Es wird sich eine Lösung ergeben. Seien Sie geduldig. Wenn Ihr Partner Ihre Liebe spürt und keine Anschuldigungen bekommt, dann wird etwas geschehen, das sie beide zufriedenstellt.

Ich glaube fest daran, dass das die moderne Beziehung ist: die auf Liebe aufbaut und nicht auf anderen Gründen, die Liebe genannt werden. Das ist die Liebe, die hält. Die Liebe, die sich gut anfühlt und keine Unsicherheiten kennt. Das ist eben die Liebe, wie oben beschrieben, in der sich beide Partner stärken. Gemeinsam ihre Kräfte potenzieren, anstatt die Kräfte des anderen kleinmachen zu wollen, damit man selbst mehr gilt. Das ist die Liebe, wie sie als Kraftquelle wirkt. Doch das ist Liebe, wie sie in unserer Gesellschaft erst ganz langsam erkannt wird.

Denn es ist auch für die, die Liebe als uneingeschränkte Anerkennung des Mitmenschen sehen wollen, dennoch ein schwieriger Prozess, der erst erlernt und, von vielen Rückschlägen geprägt, erfahren werden muss. Wie der Beziehungsexperte Chuck Spezzano schreibt: „Erst wenn man über das Stadium der Machtkämpfe hinauskommt, erreicht man eine Entwicklungsstufe der gemeinsamen Kreativität, die größte Erfüllung und Befriedigung bringt."

Doch diese Art der gegenseitigen uneingeschränkten Liebe stellt unsere eingelernten und gewohnten Sichtweisen, wie man miteinander das Leben bestreitet, auf den Kopf. Zwei Menschen beschließen, gemeinsam zu leben, ohne auf sich selbst zu vergessen und ohne sich über den anderen zu stellen. Das bedingt ständige Arbeit an sich selbst. Es ist meist ein kompletter Wandel nötig. Denn bisher hat man sich über den anderen geärgert. Weil er alles so anders gemacht hat als man selbst. Jetzt soll man stattdessen nicht sich selbst ändern, nicht den Partner ändern, sondern den Partner „nur" lieben, wie er ist, und dafür lieben, dass er anders ist und Dinge anders macht.

In der Liebe sich selbst entdecken

Das ist alles. Man braucht nur zu lieben! Dann werden Sie auch entdecken, dass in Ihnen selbst viele der Dinge, die Sie früher aufgeregt haben, Teile Ihrer eigenen Persönlichkeit sind, die Sie nicht wahrhaben wollen. Dass Sie sich nur den Partner suchen, von dem Sie lernen können. Jemand anderer interessiert Sie gar nicht. Sie ärgern sich über die Verhaltensweisen, die Sie selbst im tiefsten Winkel Ihres Inneren vergraben haben. Die Sie aber brauchen, um ganz zu sein.

Als Beispiel: Sie sind besonders herzlich, Ihr Partner versteckt seine Gefühle. Jeder kann vom anderen lernen. Ihr Partner von Ihnen, offener auf die Menschen zuzugehen, die man liebt. Sie von Ihrem Partner, dass Liebe auch da ist und über alle Maßen empfunden werden kann, wenn man sie nicht ständig äußert, und damit die Bestätigung einholen muss, dass sie noch vorhanden ist. Werfen Sie Ihrem Partner nicht vor, dass er Sie nicht liebt, weil er es Ihnen nicht zeigt. Lieben Sie ihn und vertrauen Sie auf seine Liebe.

Oder: Sie lieben es, wenn viel los ist. Trubel und Hektik. In der Arbeit und in der Freizeit. Das macht Sie erst richtig munter und lebendig. Ihren Partner verurteilen Sie, weil er faul wäre. So langweilig. So ein Müßiggänger. Aus bestimmten Gründen lassen Sie selbst diesen Müßiggang bei sich nicht zu. Im Gegenteil, Sie gönnen sich kaum Erholung.

Wenn ein Mensch etwa als Kind nur dann Anerkennung bekommt, wenn er etwas leistet, Erfolge über Noten oder im Sportverein vorzeigen kann, dann wird für dieses Kind auch später, als Erwachsener, Leistung besonders zählen. Aber das kann natürlich auch noch viele andere Gründe haben. Ihr Partner zeigt Ihnen jedenfalls klar auf, was Sie im Verborgenen halten. In diesem Fall den Sinn für Ruhe und Gemütlichkeit. Genau das, was Sie nicht zulassen wollen.

Den Partner für den eigenen Mangel zu lieben und diesen Teil in sich ein Stückchen freizulegen, könnte Ihre eigene Lebensqualität steigern. Und natürlich kann auch Ihr Partner Ihren Elan in sich freilegen. Doch das muss aus ihm kommen und das muss er selbst entdecken. Sie können ihm dieses Buch auf das Nachtkästen legen und diese Seite aufschlagen. Aber Vorwürfe sollten Sie ihm nicht machen. Wenn Sie ihn lieben, er nicht in Abwehrhaltung geht und damit zu einer Trotzreaktion gezwungen wird, wird er schon bald selbst seine verborgenen Teile aus sich hervorholen.

Liebe kennt auch nicht nur einen Menschen, den Partner. Liebe ist eine uns alle umfassende Macht. Wir verstehen unter Liebe Leidenschaft und das Bedürfnis, mit dem Lebenspartner zusammen sein zu wollen. Aber wir müssen verstehen, dass wir Liebe zu allen Mitmenschen entwickeln können und schon entwickeln. Mit den anderen wollen wir nicht unter einem Dach leben. Aber wir können sie lieben. Wir können sie mit wertschätzenden Augen sehen und deren Eigenheiten und Anderssein annehmen.

Schauen Sie sich den Menschen an, mit dem Sie sprechen. Sehen Sie über sein Gesicht in seine Persönlichkeit. Verbinden Sie sich mit ihm. Haben Sie schon einmal probiert, das Besondere in jemandem zu sehen, mit dem Sie voraussichtlich in Ihrem Leben lediglich für ein paar Minuten in Kontakt stehen? Im Maronibrater? In der Touristin, die nach dem Weg fragt? Im Portier Ihrer Firma? In der Beamtin am Schalter?

Auch dieser Mensch ist kein Statist für einen Drehtag Ihres Lebensfilms. Auch dieser Mensch bestreitet sein Dasein auf der Erde mit allen Passagen des Lebens. Die Hoffnungen, die Sorgen, die Ängste, die Freude. Sie werden mit Ihrem offenen Blick sichtbar. Sie sind diese Person und diese Person ist Sie. Schätzen wir sie nicht gering. Die Welt wird sich ändern, wenn wir Liebe auch zu denen, mit denen wir keine familiären Verbindungen haben oder die nicht unsere besten Freunde sind, wahrnehmen. Und zwar genau so: Indem wir uns nicht über sie wundern, sondern sie lieben dafür, dass sie sind, wie sie sind.

Das ist erst der Anfang

Viele Tipps in dem Buch erzeugen im besten Fall schon beim Lesen Hoffnung, weil Sie schon spüren, dass das klappen kann: sich von der dunklen Seite abzuwenden und sich der hellen entgegenzustrecken. Dass es eigentlich so leicht wäre, die Kraft in sich hervorzuholen. Haben Sie in den letzten Tagen schon etwas davon ausprobiert? Haben Sie schon dieses Gefühl der Zuversicht durch Ihren Körper fließen lassen? Es ist wunderbar, oder?

Doch seien Sie dennoch geduldig. Ihre Probleme werden Sie auch wieder einholen. Das ist ein Prozess von ständig wechselnden Gefühlszuständen. Ein Kampf zwischen Gut und Böse. Jeder will die Oberhand gewinnen. Beides ist tief in Ihnen verankert. Das braucht seine Zeit.

Es wäre zu viel verlangt, ab jetzt jeden Ärger von sich abprallen lassen zu können. Und jeder Missmut lässt sich auch nicht sofort in beherztes Lachen umwandeln. Unsere erlernten Abwehrmechanismen, unsere Angst, nachteilig behandelt zu werden, unser Misstrauen – all dies von einem Tag auf den anderen für immer aus sich zu verbannen, ist unmöglich. Wir können keine andere Speicherkarte mit neuen Informationen in uns einschieben und damit alle gespeicherten alten Verhaltensweisen überschreiben. Vieles davon steuert uns ja ganz passabel durchs Leben. Wir können nur diese immer wiederkehrenden negativen Reaktionen und Vorurteile bewusst wahrnehmen und nach und nach versuchen, es anders, es neu zu machen. Wir können nur ausprobieren, welches neue Verhalten möglicherweise zu einem besseren Ergebnis führt. Nach und nach. Wir haben ja zum Glück Zeit, uns auszuprobieren.

Das Schlimmste wäre nur, auf demselben Stand zu bleiben. Es zu machen wie immer schon, obwohl es immer total danebenging. Uns begegnen ja zum Glück immer wieder dieselben herausfordernden Ereignisse, damit wir daraus lernen. Wir denken, warum passiert das immer mir? Das passiert, weil das Leben uns die Chance gibt, anders damit umzugehen. An uns zu arbeiten, uns zu entwickeln. Wenn wir das verstanden haben und bisher Belastendes als Übungsparcours sehen, in dem wir uns von Mal zu Mal verbessern und stärker werden, dann verläuft auch das Leben in optimaler Form.

Um die innere Kraft zu entdecken, stark zu werden, bleiben Sie dran! Mit den Maßnahmen, die ich beschrieben habe, oder auch anderen, die Sie für sich selbst entdecken.

Erst durch Beharrlichkeit verinnerlichen Sie mit der Zeit Ihr neues Denken, Ihren neuen Umgang mit alltäglichen Herausforderungen.

Bleiben Sie konsequent. Verzeihen Sie sich dabei aber auch Rückschläge. Die wird es geben. Wenn Sie der Meinung sind, Sie kann nichts mehr erschüttern, stellt Ihnen das Leben eine neue Aufgabe. Sie fallen wohl oder übel bei besonders schwierigen Umständen wieder in alte Reaktionsmuster zurück.

Plötzlich kommt der Stich direkt ins Herz oder in die Magengrube. Dabei dachten Sie schon, nichts könne Sie mehr erschüttern. Lassen Sie sich davon nicht entmutigen. Das Leben will Sie nicht zum Aufgeben zwingen, sondern drängt Sie auf die nächste Ebene Ihrer seelischen Entwicklung.

Eine Persönlichkeitsentwicklung auf einem hohen Level voranzutreiben, dauert Jahre. Doch ich wage zu behaupten, wenn man erst diese, sehr behagliche Lebensphilosophie der Selbstliebe, des vollen Respektierens unserer Mitmenschen und ihrer Lebensweisen, des Annehmens von Schicksalsschlägen und die Vereinigung mit dem Rhythmus des Lebens und der Natur erkannt, erlebt und für wertvoll befunden hat, dann wird man das nie mehr außer Acht lassen. Dann wird es auch, wenn wir uns gehen lassen wollen, weil wir gerade wieder einer echt harten Prüfung unterliegen, uns immer als der einzig richtige Weg erscheinen: ein Leben in Harmonie und Glück zu führen.

Wenn wir erkannt haben, dass etwa Neid und Eifersucht sinnlose und ergebnislose Handlungen auslösen, werden wir vermeiden, ihnen unsere Macht zu überantworten. So selbstzerstörerisch wir auch oft agieren, wollen wir dann doch nicht immer wieder von einem Leid ins nächste tappen. Im Grunde versuchen wir mit den alten Methoden, den sabotierenden, ja ebenso nur das Leid von uns zu nehmen.

Wissen wir erst einmal, wie es richtig geht, werden wir es auch immer wieder so machen. Es ist wohl wie bei körperlicher Ertüchtigung: Hat man erst einmal jahrelang gesund gelebt, die eigene Belastungsfähigkeit durch Ausdauer und Fitness verbessert, wird man auch nicht wieder so schnell in die körperliche Verfassung zurückkehren, in der man schnell außer Atem kommt und sich nur unzureichend bewegen kann.

Doch der Mensch ist bequem. Und fit zu bleiben und die Seele rein und gesund zu halten, ist mit Aufwand verbunden. Aber er zahlt sich aus.

Daher denken Sie daran, wenn es ein, vielleicht zwei Monate her ist, dass Sie dieses Buch gelesen haben. Denken Sie daran, ob Sie weiter trainieren, ob Sie daran arbeiten, Ihre Gefühlsäußerungen in die richtige Richtung zu lenken, und ob Sie auf sich schauen und sich um sich selbst kümmern und sich verwöhnen. Wenn nicht, werden Sie von Neuem aktiv!

Einmal davon begeistert zu sein und danach wieder den gleichen Trott einkehren zu lassen, mit den gleichen Widerständen, bringt Sie nicht weiter. Im Gegenteil. Das positive Gefühl flaut ab. Sie vergessen.

Machen Sie weiter! Lesen Sie auch noch andere Bücher, andere Ratgeber, die Ihnen zusagen und Ihnen etwas geben. So unterschiedlich die Menschen sind, so unterschiedlich sind die Lösungen, die Zugänge, die Methoden, die einem selbst helfen. Sie wissen ohnehin selbst zu unterscheiden, welche Tipps an den Haaren herbeigezogen sind und womit Sie Ihr Leben wirklich bereichern können. Lesen Sie dazwischen aber auch gute Romane oder gehen Sie aus, beschäftigen Sie sich mit anderen Dingen. Gehen Sie Ihr

Leben locker an. Seien Sie nicht zu streng mit sich. Aber bleiben Sie dran!

Sie machen es immer so gut Sie können. Und Sie wollen nur das Beste für sich. Es ist also gut, wie es ist. Sie sind gut, wie Sie sind. Und ja, Sie haben sich Glück im Leben verdient!

Erlauben Sie sich dieses Glück. Erlauben Sie sich alles verrückte, frohsinnige, behagliche, liebevolle, ausgeflippte Glück des Lebens!